子どもたちの自立を願って

児童養護施設北光学園とともに

高橋　久
Takahashi Hisashi

はじめに

児童養護施設北光学園の子どもたちとの出会いは二十六年前に遡ります。生田原中学校に赴任した平成元年のことです。

生田原中学校には北光学園の子どもたちが通学しており、その子どもたちとの出会いが北光学園に転職するきっかけとなりました。平成七年四月のことです。家庭に恵まれない子どもたちのために少しでも支えになれば、という思いからでした。一大決心でした。

児童養護施設には、当初は身寄りのない子どもたちがほとんどでしたが、最近は家庭内で虐待を受けたり、発達障がいといわれる子どもたちの入所割合が増加し、社会生活を送るには容易ではない子どもたちが自立を目指して暮らしています。

その北光学園での子どもたちとの葛藤や多くの人たちとの出会いは、私の大きな学びとなり、自分磨きの歴史でした。

平成二十五年十二月に北光学園を退職しました。十八年九ヶ月勤務し、その間に施設通信「北光だより」の巻頭言として綴ってきた文に一部手を加え、一冊の本にまとめることにしました。何を考え、何を思いながら施設に身を置いてきたか、その軌跡の一端です。

人間的にもまだまだ未熟で文章も拙いと思いますが、この本が自分の生きてきた証の一部として、また、児童養護施設の現状を理解する一助になれば幸いです。

もくじ

はじめに

「北光だより」巻頭言より

ボランティアで豊かな心を

（平成八年十月五日）

「ボランティア活動を子どもたちと一緒に」。これは毎月行なわれる園内研修の二度にわたる話し合いから生まれました。

これまでどちらかというと「される側」だった子どもたちが、「する側」にまわることによって「豊かな心」を育てようというのがねらいです。

早速、「敬老の日」を前にして、子どもたちは苦心しながらも、一人暮しの高齢者にお祝いや励ましの言葉、一人暮しの安否を気遣うなど心優しい手紙を書きました。中にはイラストを添えた子どももいました。

その手紙は、「ふれあい通信」を活用させてもらい、郵便局員の声かけ、手渡しで届けてもらいました。

その後、高齢者から喜びあふれる返信が届いています。「単発の取り組みではなく、息の長い交流を続けていけたら」という意見も職員の中から出ています。

ボランティア活動は、人のため、世のためにしますが、そのことは自分に跳ね返ってくることでもあります。「人のために尽くして」感謝され、自分の喜びとすることが、思いやりや感謝の心を育てることになります。

さらに、「してあげる」、「していただく」、このやりとりの中から学ぶものはふんだんにあります。

私たちは、今後、継続的な活動をするために、職員三名と子どもたちの代表六名からなる『ボランティア実行委員会』を結成し、この実行委員会を中心に活動内容が検討される運びとなっています。

物があふれ、ほしいものは大抵手に入れることができる反面、優しさとか思いやりは一朝一夕では育てることはできません。学力はもちろん必要ではありますが、社会に出たときには人柄が良く、好かれる人であることの方がより大切な気がします。それは、人と協調して何かを行なう、何かを実現する時に大きく左右するからです。

職員も子どももボランティアを通して育ち合い、心豊かな人間になることを願っています。

実行委員会がどのような活動案を出してくれるか、今から楽しみです。

茶髪・ピアスをめぐって

（平成八年十二月五日）

茶髪・ピアス、ルーズソックスなど新たな現象が話題となっています。

つい先頃、札幌のある中学校が茶髪・ピアスを容認し、議論が高まっていますが、これに追随する学校は今のところないようです。容認したこの学校も認めたくなかったのが本音ではなかったでしょうか。よほどの事情があったに違いありません。

東京都の中学校の調査によると、ピアスや髪を染めたり、パーマをかけることを悪いと思っていない中学生は約四〇％でした。靴のかかとをつぶしてはくにいたっては約五五％が悪いと思っていないという結果でした。「万引き」「たばこ」はさすがに大半が悪いとしているものの、教師と生徒の感覚のズレは大きいようです。

議論の中に「人に迷惑をかけなければいい」というのがあります。又、学校は学習する所として、茶髪・ピアスなどを認めている国もあります。たしかに生徒本人と家庭が判断すべきことではありますが、残念ながら日本の家庭教育力は十分でしょうか。むしろ学校がそれを補完せざるをえないところが日本の学校教育の負担の大きさを物語っています。人に迷惑をかけなければ何をしてもよいということになるのでしょうか。子どもの言いなりにならないという親の毅然とした態度が必要であるように思います。

第二点目は、「中学生・高校生にふさわしくない」ので学校で規制するという考えです。学校のきまりは学校だけの都合で決めているわけではありません。おそらく親の意向とそれほど大きく異なっているようには思えません。親の大多数が好ましくないと思っていることを反映しているように思えます。

茶髪・ピアスは自分のこづかいでしているのだからという子どもの言い分もあります。しかし、親が与えている以上、その使い途にも関心を寄せ、教えていくことが大切です。経験からいうと、髪型や服装は、家庭の段階で抑えがきかないものは学校での指導は難しいということです。

茶髪・ピアスは流行の側面はあるかもしれませんが、子どもが茶髪にしたり、ピアスを身につけるのは彼らの心のメッセージでもあることは確かです。決して「認める」ということではなく、「受け入れる」ことから指導が始まるのではないでしょうか。

茶髪・ピアスについては、親の庇護のもとにあるうちは許してはならないと思います。親が援助している間は親の言い分を聞くことが正しいと思っています。経済的に自立した場合はそのかぎりではありません。

そんなことを考えているとき、ある新聞のコラムに次のような文がありました。「私の高校には、ピアス、ミニスカート、ずり下げたズボンといった服装の生徒が大勢いる。他校の教師などから『大変そうだね』と言われるが、それ以上に深刻なのは、登校したがらない生徒の問題である」。

遅刻、欠席をする生徒が増えているこの高校の教師たちが、家庭と頻繁に連絡をとる姿が目に浮かびます。

どんどん変化する子どもに学校が対応しきれない側面を見る思いです。

こんな顔で

（平成九年六月五日）

「こんな顔で」

山田寺の仏頭によせて

相田みつを

宮澤賢治の詩にある

「雨ニモマケズ　風ニモマケズ」

というのは

こんな顔の人をいうのだろうか――

この顔は
かなしみに堪えた顔である
くるしみに堪えた顔である
人の世の様々な批判に
じっと堪えた顔である
そして
ひとことも弁解をしない顔である
なんにも言いわけをしない顔である
そしてまた
どんなにくるしくても
どんなにつらくても
決して弱音を吐かない顔である
絶対にぐちを言わない顔である

――中略――

息子よ
こんな顔で生きて欲しい
娘よ
こんな顔の若者と
めぐり逢って欲しい

私は、昨年九月にオープンした「相田みつを美術館」を訪れることができました。東京銀座にある東芝ビルの五階にそれはありました。老若男女を問わず、一日五〇〇人の見学者が訪れているといいます。なぜ、これほど多くの人が関心を寄せるのでしょうか。言葉は易しく、肩の力がすっと抜けるその詩は、人々の心を安らかにするという人もいます。

冒頭の詩は残念ながら美術館には掲げられてはいませんでしたが、子に対する親の理想というか願いがここに込められています。

子どもを育てるにあたって考えるのはどういう大人（社会人）になってほしいかということです。私は、誰とでも分け隔てなく接し嫌味がない、社会の一員として常識に合わせていくことができる、人に迷惑をかけない、もし迷惑をかけても責任がとれる社会人になってほしいと思います。

「顔は心を写す鏡であり、目は心の窓」、「人間は理想に向かって一番いい顔をつくるために生きている」などと言われますが、顔づくりは心づくりであるように思います。

よく人の欠点をあげつらう子どもがいます。これは認められることが少なく、注意を受けたり、叱られることが多い子です。認められると子どもは愛されているということが分かり、人の欠点などは言わないものです。子どもの『いい顔』をつくるには、大人の関わり方も大切です。

宮澤賢治の「こういう人に私はなりたい」、相田みつをの「こんな顔で生きて欲しい」のどちらも凡人の私には程遠いですが、それでも子どもたちには期待しているのです。

いじめは許せない

（平成九年十二月十日）


ある日突然、高校生の彼は学校を休みました。学校からの連絡で欠席していることがわかりました。夕方、いつもの時間に、何事もなかったように彼は戻ってきました。

彼の担当が話を聞くと、上級生のいやがらせや脅しが恐くて行けなくなったことが明らかになりました。

いじめの当人は最初は同じ部活動の上級生二人だったのが、いつの間にか上級生の男子のほとんどが加担していたといいます。

残念なことに、学校に行けなくなった十日前にクラスのある男の子が教師に訴えに行っていたようですが、事情を聞かれた彼は、本当のことは言いませんでした。多分仕返しが恐くて言えなかったように思います。

学校より、心配した担任や部活動の顧問の先生が連日学園に見えましたが、彼の恐怖感を取り除かない限り、再び登校できる道は開かれないように感じました。

数日後、高校を訪れ、いじめの当人がいじめに気づいているのかどうか、当人が気づいてくれたのならこちらに来ていただいて謝らせてほしい、以上のことを要望しました。もし、それができないのであれば、私どもの方で直接当人に会わせてほしいことも話しました。

高校からは、いじめの当人よりお詫びの手紙が届けられ、謝りに来たいという連絡があり、学園の方に見え、本人に謝って帰りました。

果たして、それだけで彼が登校できるかどうかは半信半疑でしたが、本人を説得し、翌々日から登校させることにしました。二日間、指導員も同行し、教室に入るのを見届け、帰ってきました。

一日目は彼の不安もさることながら、私たちも気になって様子を見守りました。その日も翌日も何事もなく経過し、以前のようないじめはなくなり、現在も休むことなく登校を続けています。

いじめは昔もありましたが、今と違うのは周りの子どもたちに抑止力が働いた点です。今は自分のことしか考えない子どもが増えています。

昔は、隣近所はもちろん、地域の人たちが自然に子どもを叱ったり、褒めたり、かわいがりながら子育てをしていたように思います。今、考えると、恐かったけど、どことなく愛嬌のある近所のおじさんがいたり、いつも会えばやさしい声をかけてくれるおばさんがいました。経済的には貧しかったけれど心豊かな人たちに囲まれ、地域の中で育てられたように思います。

今は、自分たちのことや自分の子どものことしか考えない親が多くなっています。そこからは当然、自分のことしか考えない子どもが育つことになります。このことが平気で相手の心を傷つけたり、人間関係を取り結べない子どもを生みます。

いじめている側はいじめているという意識は希薄である場合が多く、いじめている当人には、いじめであることを気づかせていくことが大切です。それには、教師も親もいじめている当人に真摯に向き合う気概が求められます。

いじめに特効薬はありません。しかし、教室や学校の中にいじめは絶対に許さないという毅然とした風土を創り出すことは難しいことではないように思います。

信頼の絆

（平成十年十一月五日）

先日、テレビで興味のある話がされていました。

それは非行や犯罪を犯した少年への調査でした。その中で『家族』が思い浮かんだ時、犯罪を思いとどまるという結果が出たことを報じていました。このことは、家族との強い絆が犯罪を防ぐ決め手になることを物語っています。

我が国の子どもは自己中心的で思いやりの意識が低いといわれていますが、ある調査によると先生や親に反抗するのも「本人の自由」、売春など性を売り物にするなどの割合が他の国に較べて高いことなど、社会を形成する「規範」が弱まっています。

また、親子関係がうまくいっている子どもの方がより思いやりの意識が高く、我が国の場合は思いやりの意識がもっとも低いという調査結果もあります。思いやり意識が低いということは非行や犯罪を容認する傾向にあるといえます。

これらは大人社会の反映と言ってしまえばそれまでですが、この思いやり、優しさ、気遣い等は信頼を築くうえでとても重要だと思います。

幕末に変革者、政治家、技術者など多くの人材を育てた吉田松陰について、ある研究者は

私が子どもの頃、近所に九人の子どもを育てていた家族がありました。貧しいながらも、親と子、兄弟姉妹の仲はとてもよく、心あたたまる光景がそこに見られました。皆人間性豊かで、一人としてぐれたり、非行に走った人は出ていません。

信頼の絆は、思いやり、優しさなどの心豊かな自分づくりから始めなければならないように思います。それだけに子どもに影響を及ぼす私たちの努力・研鑽は欠かせません。

しつけに思う

（平成十一年六月十五日）


先日、北海道新聞「卓上四季」は、『日本の若者の弱点』（松井洋、中三至正共著）を取り上げ、日本の若者の弱点である人間関係のつたなさ、不器用さが日本の若者の弱点として論じていました。親と子の関係がうまくいかないと親子の心の距離は遠くなり、社会に出てからの人間関係を結ぶ知恵を学ぶことができないと指摘しています。

高度経済成長がもたらした「豊かな社会」は、不登校や学級崩壊など子どもが適応しづらい状況を作り出し、「むかつく」「キレる」子どもたちを大量に生み出しています。

児童養護施設も社会のひずみが生み出した子どもたちを抱えています。不登校、虐待、対人関係が築けないなどの子どもたちが増えてきています。

戦後、日本社会や家族は大きく変化してきました。特徴の一つは、核家族化です。現在の子育て中の親は、大衆消費時代の真っ只中で育ち、物には恵まれた半面、習慣や経験など「生活の知恵」「子育ての知恵」を学ぶ機会が乏しかったように思います。おじいちゃん、おばあちゃんと代々受け継がれてきた「知恵」が核家族化によって途切れてしまっています。

もう一つは、「人は人」「自分は自分」という個人主義が地域、家庭にまで及んでいることです。過去には自分の子も人の子も地域が見守り、育ててきた時代がありましたが、今はそれが消えています。

日本の社会に根づいてきた子育ての基盤や家庭のしつけが失われてきています。こうした中で若者の考え方や意識が変わってきていることは当然のことのように思います。

児童養護施設には子育てのノウハウが脈々と受け継がれています。ひと頃には当たり前といわれていたことばかりです。

○起床、就床時刻

○「おはようございます」「おやすみなさい」などの挨拶

○正しい言葉づかい

○食器の正しい並べ方、食事作法

○入浴のしかた、身体の洗い方

○呼ばれたら返事をする
○人の話はきちんと聞く
○弱い者いじめはしない
○ともだちと仲良くする
○物や水、電気は大切に使う
○食べ物を粗末にしない
○お手伝いをする

ここに挙げたしつけは、ほんの一部ですが、「人の話はきちんと聞く」を、親に言われたことがないという子どもが六割もいるという調査結果もあります。

又、しつけを通して心を育てていかなければならないと思います。例えば家庭や施設においても、トイレや浴槽など、次の人が使うことを考えながら使用することができれば思いやりの心は自然に育っていくのではないでしょうか。昨今は忙しさのせいにしてマナーやエチケットなど大切なことがおろそかにされているように思います。

子育てのつまづきや失敗はやり直しがきかないだけに、より深刻な問題となります。「夫婦（職員）仲良くして、子どもに愛情をそそぎ、さらに厳しさと優しさのバランスが取れていれば、その子は間違いなく育つ」と確信しています。

ススキノにあるグランド居酒屋「富士」にはテーブルに、「親父の小言」というのが置いてありました。その紙片には三十六カ条の警句が書かれています。ストレートで、説明のいらないその言葉に思わず感心させられたものです。この警句の出所がずっと気になっていましたが、つい先日、作家の猪瀬直樹氏がその出所を記していました。「旧相馬藩大聖寺の暁仙僧正」が残したとされていることが分かりました。長年のつっかえがようやくとれた思いでした。

その中のひとつに「子の云うこと八九きくな」というのがあります。今は逆転していてどちらかというと八九は子の云うことをきいている感じがします。物分かりがよすぎてかえって子どもを駄目にしてはいないでしょうか。「自主性尊重」とか「自分で考えなさい」などともっともらしいことを言うが、つまるところ、子どもに決断を押しつけて、親や教師が逃げいている所はないでしょうか。時には駄目なものは駄目とはっきりと言ってあげることも必要です。

作家の壇一雄は、自分の子どもに次のような言葉を残しています。

「人生は多難な方が実りが多い。君たちの将来が多難であることを祈る。子どもが楽なようにというだけではまともな子は育たない」

施設にいる子が、施設を出た子がこの環境をバネに飛躍し、そして幸せな人生を歩んでほしいと願うのみです。

指導員・保育士の資質を考える

（平成十一年八月十日）

「子どもを見れば親がわかる」。これは施設の場合にも当てはまる言葉です。子どもたちを見ればその施設の指導のあり方が見えてきます。明るく目が輝き、しつけが行き届いているかどうかは指導員や保育士の資質に負うところが大きい。

資質の中でも豊かな人間性や優れた専門性、社会性は特に大切だと思います。指導員・保育士と子どもたちとの人間的な心の通い合いが深いほど指導の成果は大きいからです。

同僚や子どもから嫌われる人に共通していることは、①エゴイストで自己中心的、②高慢で人を見下す、③ひとりよがりで人の意見など聞こうとしない人だと言われています。

さらに嫌われる要素をいくつか挙げると、

○しょっちゅう叱る、おこる
○不公平な扱いをする（子どもの親に対しても）
○短気で感情的
○子どもの気持ちを理解しない
○冷淡である

○意地が悪い
○皮肉や嫌味を言う
○決めつけた言い方をする
○意地っ張りで素直でない
○陰口をたたく、告げ口をする

ほかにも嫌われる要素はありますが、これらをたくさん持ち合わせている人ほど嫌われる度合いは高くなっているように思います。

児童養護施設の役割は、子どもたちを教え導きながら、自立を促していくことにあります。子どもが素直な気持ちで受け入れる関係づくりも大事なことです。時には力（罰則）で従わせることもままありますが、力に依存する指導では、変容は期待できないし限界があります。子どもにとって最大の環境は身近にいる大人です。それ故、人間性を磨き、専門性や社会性を高める努力はたゆまず続けることが求められています。

私は、我が子だったらどうするか、我が家ではどうしているかという視点を大切にしていきたいと思っています。子どもの立場に立つ、子どもの側に立つということは、どういうことを言うのでしょうか。私は、そのことが子どもにとってプラスになるか、マイナスになるかがその基準と考えています。

ふだんの養育の中で気になる点、心がけていきたいことについていくつか考えてみたいと思います。

①よく子どもと遊ぶ指導員、保育士はふだんの生活指導が少々厳しくても嫌われない。遊びや対話の中で人間関係ができているからである。子どもと遊ぶ指導員・保育士でありたい。

②登校する子どもに声をかけたり、学校から帰ってくる子どもを迎え、言葉を交わすことも大切。その場合、いつも笑顔で語りかけたいものである。

③どうすれば積極性のある子どもに育てることができるだろうか。結果よりも、意欲や努力をほめることが子どものやる気を引き出すことにつながるように思う。

④やらせたことは、必ず目を通す。学習や掃除、作業、後片付けなどは必ず見て、温かく評価してあげること。言いっぱなし、やりっぱなしは手抜きを認めることになる。

⑤平気で嘘をつく子がいるが、これを放置しておくと、一生嘘をつく人間になってしまう。嘘をついていれば世の中を安易に渡っていけるという誤った考え方が身についてしまうからである。

⑥誤字・脱字・あて字はふだんから気をつける。教えることを職業としている以上、文書に誤りがあっては許されないという厳しさが必要である。

⑦子どもたちの目に入る施設の森羅万象は、知らず知らずのうちに教育作用を果たしている。それらのものが子どもの心を育んでいる。整理整頓、美しく飾ることは必要なことである。

特に職員の机上は物置きであってはならない。ふだん使わない物はほかのところに保管するなど、机上には物は置かない工夫をすることが求められる。又、机上のビニールシートにたくさんのプリント類をはさめ、凹凸になっているのもいただけない。

ふだんの指導で安易に流されたり、慣れてしまうことは恐ろしい。指導員・保育士の全人格が子どもに大きく影響を及ぼしていることを考えるならば資質の向上は必要不可欠の課題です。

原点にかえって

（平成十二年二月二十五日）


あるテレビで、「子どもたちの脳に異常をもたらす虐待、正しい育児とは」という番組がありました。

それは、ルーマニアのチャウシェスク政権下で、妊娠中絶を禁止したため孤児が増え、収容した孤児院が十分な手当をせず、放置同然の結果、脳に障害をもった子が生じました。その割合は全体の六〇％に達したといいます。

なぜ脳に障害をもつに至ったのでしょうか。

生まれて二、三歳までは三つの条件が必要とされ、その一つは知的刺激、二つにはストレスを感じさせない、三つにはスキンシップだといいます。これらが満たされていなかったため脳に障害が起きたと分析していました。

十年以上になりますが、当時アメリカ社会では虐待が増えてきており、虐待された子どもの中に、多重人格をもった子どもたちが出現していました。その多重人格をもった少女たちの治療を試みている内容でしたが、その時は他人事のように番組を見ていました。

今、虐待は日本の社会でも大きな社会問題になってきています。私たちにとっても身近で切実な問題となっています。

先のテレビ番組では、虐待の起こる原因を次のようにまとめていました。

①親の人格未熟による育児放棄。

②育児について相談できない、相談できる相手がいない。

③母性スイッチが働かないため子どもに愛情が感じられない。

母性スイッチの働きは、いくつかのホルモンの影響が大きく、母乳育児の大切なこと、野菜の摂取を強調していました。

「三つ子の魂百までも」といわれるように幼児期の育て方がその後の人格形成に大きく影響することは確かです。

理想的な家庭とは「夫婦が仲良く、子どもに愛情が注がれ、優しさと厳しさのバランスがとれている」ことだと思います。こういう家庭では間違いなく子育ては成功しているように思います。

それでは「優しさ」とは何でしょうか。私は「子どもの気持ちが分かる」ことだと思います。心の痛みや心に負った傷を共有できるということは、豊かな感性によるところが大きい。子どもの気持ちが分からないということは、機械的で冷たい言い方になったり、関わり方になってしまいます。

「厳しさ」とはなんでしょうか。

怒鳴ったり、叩いたり、あるいは力のみの指導ではなく、子どもの気持ちを受容したり、共感することが前提になければなりません。その上で、「しつけ」を繰り返し繰り返し、諦めず、根気よく行なうことが真の厳しさです。子どもの気持ちを無視した「指導」は真の指導にはなりえないと思いますし、途中で根負けしても「指導」にはなりません。「しつけ」の中でも挨拶、言葉づかい、身だしなみ、身の回りの整理整頓、規則を守る、時間を守る、善悪の判断、思いやりなどの基本的生活習慣が定着していないと、他人に迷惑をかけたり健康・安全・生命が守られなかったり、好ましい人間関係や社会生活を円滑に営むことはできません。

家庭の役割は、この「しつけ」と安息の場、そして親は子どものモデルとならなければならないとされています。

職員が真面目で几帳面で規則規則と規則にうるさいと子どもは息が詰まるといわれます。又、細かいことに口うるさいのも子どもに反発されます。何よりも子どもが素直に受け入れる信頼関係を築くことが子どもを変えていく原点になります。子どもに嫌われると、子どもは素直に聞かないため力の指導に頼らざるをえないし、真に子どもを変えていくことは難しいです。

生活習慣にしても、ルールにしてもただ単に「やりなさい」「守りなさい」だけでなく、なぜそれをしなければならないのか、なぜそれが必要なのか分かりやすく説明していくことは大切です。

指導は、はっきりとしためあてをもたせ、適時適所で的確な助言・援助を行なっていかなければなりません。

よく子どもには要求するが、要求する指導員・保育士がルールやマナーが守られていなかったり、できていないと信頼は構築できません。子どもとの約束を速やかに実行することもとても大切です。それだけに職員が自分を律し、模範となる態度・行動をとらなければなりません。これが子どものモデルになるからです。

指導員・保育士の人格・人間性・感性などの全てが子どもたちに大きな影響を及ぼしています。施設の子どもにとって一番の養育環境は職員であることを肝に銘じて。

夢をもたせたい

（平成十二年八月十五日）

炎天下で畑作業に従事している通信教育の高校生を見ていると遠い過去のことが思い出されます。

それは中学生になると当然のこととして農作業の手伝いをさせられ、今でこそ機械化が進んでいますが、当時は手作業が主で、虻や蚊に悩まされ、暑さと足腰の痛さに閉口したつらい思い出があります。雨降りの日は農作業は休みとなり、気を揉んでいる親の心も推し量れず、内心は喜んでいたものです。

今でもその時の名残りがあるのか、雨が降っても気が滅入ることもなくむしろホッとした気分にさせられます。習性でしょうか。

さて、『私が見たニッポン』という外国人留学生による弁論大会が毎年行なわれ、それをテレビで見る機会がありました。

それぞれの留学生のスピーチは現代の日本についての警鐘だったり、世界の中の日本を考える意味では示唆に富み、傾聴に値するものばかりです。

今年は中国の留学生のスピーチに心が打たれました。

彼は今、四〇歳です。一年前に日本にやってきました。幼い頃、父を亡くし、小学校四年生の時には母が世界でも数十例しかないという難病にかかり、寝たきりになりました。そのため彼は学校にも通うことができず、母の世話に追われることになりました。九年後、母が奇跡的に回復しますが、その間、独学で小学校、中学校、高校を卒業し、日本語の教師として勤めていたといいます。

三十九歳の時、さらに日本語の勉強をするため、妻子、母を故郷に残し、日本に留学を決意。現在は農家の六畳間を借りながら自炊生活を送っています。昼は天理大学に通い、夜は電器店でアルバイトをして生活費を稼いでいます。生活費は月十二万円。大学院までのあと四年間勉強を続けたいといいます。

スピーチの内容は、大学での初日から始まります。一番先に教室に入って待っていると、茶髪にピアスの木下君が入ってきて、中国からの留学生だと分かると、「おっさん」呼ばわりし、随分老けた留学生だと言いながら去っていきました。その後、何度か大学のキャンパスで顔を合わせ、言葉を交わしますが、ある時、木下君がふいに彼の下宿に訪ねてきました。何で留学してきたのか、その訳を聞くためにです。彼は生い立ちや留学に至るまでのいきさつを話すと、木下君は黙って帰っていったといいます。少しして木下君のお母さんから彼に電話があり、木下君が彼を訪ねて以来、とても勉強するようになったことを伝えてきました。

その後、木下君にキャンパスで会うと、木下君は髪の色は黒髪でピアスもしていなかったといます。

食べ物も満足にない貧しい家庭に生まれた留学生の生い立ちや生き様、そして誠実な彼の人柄が一人の日本の若者の心を変えていった感動的なスピーチでした。

スピーチだけでは分からない面は前後に説明があっておおよそのことは理解できましたが、なぜ、日本語を学ぼうと志したのかは残念ながら分かりませんでした。

日本で学んだあとは、故郷に学校を建て、日本語を教えたいといいます。夢をぜひ実現してほしいと心から願っています。

物が溢れ、物質的には不自由のない生活に甘んじ、夢をもてない子どもたちが増えています。最近の若者の間にフリーターが増えていることと無縁ではないような気がします。

又、精神面では、大人が子どもに夢を語らない現実もあります。先の中国の留学生は、夢を実現するために強い意志で飽くなき努力をしてきたわけです。その姿は尊いし、日本人に足りない部分です。

子どもたちに夢をもたせることはかなり困難かもしれませんが、その働きかけは必要です。人間が自分のもてる能力を十分に発揮できるのは、夢や目標をもつことだと思うからです。

私の場合は貧しさから抜け出したいと同時に教師になりたいという夢がありました。しかし、そこまでの道のりは平坦ではありませんでした。若気の至りというか、考えが甘かったために紆余曲折を経てたどり着きました。

「夢は大抵実現できる」、教員時代に子どもたちに常々語ってきた言葉です。施設にいると、子どもたちの「しつけ」に目がいきがちになりますが、時には一人一人の子どもと夢や希望について語っていきたいと思っています。

高齢者とのふれあい

（平成十二年十月二十日）

九月十五日の敬老の日、『ふれあい交流会』を実施しました。

『ふれあい交流会』というのは、ボランティア活動の一環として、町内に居住する一人暮しの高齢者を施設に招待し、手作りの昼食会をはさんで、幼児の遊戯や職員の出し物を見てもらったり、一緒にゲームをしたり、茶道の稽古をしている女の子の点てた抹茶を振舞ったりしながら高齢者と交流し合うことです。

午前十時三十分から午後二時三十分の約四時間を楽しんでもらおうという趣向です。

今年は、ゲートボール大会とも重なり、昨年よりも出席者は少なかったですが、初めて参加してくれた方もおり、新鮮さもありました。

この活動は今回で五回目になります。準備から当日の運営に至るまでボランティアサークルの委員さんを中心に全員で取り組みました。心あたたまる案内状の作成、発送、ステージの飾り付けと会場設営、ゲームの考案、当日の進行など、職員の力を借りながらあたたかく迎えようと子どもたちは懸命に準備を進めてきました。

こうした真心が通じたのか、自己紹介をしたあるおばあちゃんは、「嬉しくて、嬉しくて朝三時に目が覚めて、それからずっと眠れず、時間が来るのが待ち遠しかった」と、喜びを言葉に表わしていました。何人かのおじいちゃん、おばあちゃんも「楽しみにしていた」と、この日が来るのを待っていたと語ってくれました。

『ふれあい交流会』は、ボランティア活動の一つとして取り組んでいる『ふれあい通信』から発展してきた活動です。『ふれあい通信』というのは、町内に居住する一人暮しの高齢者に毎月手紙を書き、それを郵便局員さんから直接手渡してもらう内容です。この活動は、高齢者を励ますと同時に安否が確かめられるというねらいがあります。この活動は五年目を迎え、当初は反響も大きく、返信が寄せられたり、神棚に飾ったり、どんな子か会ってみたいと施設まで訪ねてきた高齢者もいました。これをきっかけに学園に招待して交流を深めようと始めたのが「ふれあい交流会」です。

さらに、高齢者から、文通している子を遊びに招きたいがどうだろうと話が持ち上がり、実現したのが一人暮らし高齢者への訪問交流です。この活動は今年度から始めました。高齢者と話をしたり、時には高齢者のお手伝いをしてふれあいを深めるというものです。

家族から離れて暮らしている子どもたちと一人暮らしの高齢者には共通している部分もあり、ふれあいはとても意義深いと思います。楽しんでもらおうと準備の段階から奮闘している子どもたちと、それに応えて、孫のように接してくれる高齢者。そこに見られる光景は微笑ましく、和やかな雰囲気が漂います。

ボランティア活動は、自分が心豊かになるためにすることです。

これらのボランティア活動から子どもたち一人一人が何かを学びとってほしいと願っています。

心のケアを重視して

（平成十三年六月十二日）

五月二十六日、この原稿を書こうと思っていた矢先、東京都東村山市の電車ホームで二十六歳の男性が「因縁をつけた」と言って二人の男性に首を殴られ、くも膜下出血で重体のニュースが飛び込んできました。電車内で「少し詰めてください」と言ったことに対してです。「ささいなこと」が今や「ささいなこと」で済ませられなくなってきていることに愕然とします。

学級崩壊やいじめ、不登校、少年による凶悪犯罪が連日のようにマスコミに報道されています。また、近年の成人式でのマナーや身の回りで見かける常軌を逸した行動に接するたびに子どもたちは変わったと思いがちになります。しかし、子どもは環境の産物です。変わったのは子どもを取り巻く環境にあります。「児童問題は社会の鏡」とか「子どもは大人の姿を映す鏡」あるいは「子どもは親の心の鏡」などといわれるように、大人社会の反映であることは間違いありません。

なぜ、さまざまな問題が起きるのでしょうか。価値観の喪失、子育ての混乱と言ってしまうのは簡単ですが、まず親や大人が社会の規範やルールをきちんと教えていないことが大きいように思います。私自身も我が子を社会に送り出して、「こんなこと教えていなかった」、「こんな時、娘はどうしているんだろうか」と気を揉む場面に遭遇することが度々あります。

かつて、親は日々の生活に窮々で、子育ては必ずしも十分ではありませんでした。しかし、それを肩代わりしたのがじいちゃんやばあちゃん、兄や姉、地域の大人たちでした。特に農村では、地域の人たちが田植えや脱穀などの時には、「手間がえ」といって共同作業を行ない、労力を貸し借りしていました。その中に子どもたちも混じり、大人の会話を聞いたり、協力して仕事をするようすを見ることが、大きな勉強となりました。いま、地域の関係、共同性は非常に希薄化し、貴重な学ぶ機会を失ってきています。

落語家の春風亭小朝さんは、思いやりの心が欠けているいまの子どもについてテレビで次のように語っていました。

○親の責任
○他人と深く付き合いたくない（語彙の不足）
○不安な気持ち、ストレス
○傷つくのがうまい（自分のことを分かってもらおうとする）
○尊敬されたいと思わない
○体力の低下
心が荒んでいたり、がさついているときに、人は優しい言葉では話せない、優しい言葉をかけられないとも。

不登校の子を見てきたある専門家の話によると、

「不登校児の多くは、夜間、母親の布団に入っていく。高校男子の場合でもそういうことがある。親はびっくりして、子どもは精神に異常を来したのではないかと思うが決してそうではない。

そういう子の七割以上は、乳児の時から母親に抱かれて育っていない。別室やベビーベッドなどに、一人で寝かされている。親によっては、それが独立心を養い、自主性を育てることになるのだと思ったり、いつまでも母親にベタベタして親離れしないのではないかと心配して母親から離すのだろうが、結果は愛情の薄い淋しい子になっているのである」。

児童養護施設は、児童六人に職員一人の配置基準です。食事や入浴、登校準備、学習指導といった日課をこなすのが精いっぱいで、とても一人一人に細やかなケアはできないのが現状です。これを打破するには職員の意識変革と努力に負わなければとうてい現状を改革することはできません。子どもの変容を求めるならば、まず援助者である職員一人一人の意識の変革が必要不可欠です。子どもにとって最大の環境は職員なのですから。

私たちの施設では、地域の中で学ぶことの大きさを認識し、地域のイベントや各種行事に積極的に参加しています。

また、一時保育事業を推進したり、休日を利用した北光子ども会を月一回行なったり、施設ぐるみのボランティア活動を実践し、地域との関わりを大切にしています。

さらに、外部から講師を招いての研修や月一回の園内研修を実施し、職員の資質の向上や意識変革に努めています。

「理解は愛情を生み、愛情は信頼を育てる」。家族と離れての生活を余儀なくされている子どもたちに対して、心のケアを重視し、愛情豊かな関わりがもてるよう努めていきたいものです。

必要な精神の緊張

（平成十三年八月十五日）

A君は小学校三年生です。この年頃にしては自主性が育っています。例えば着替えや洗面、登校準備は早々に行ない、入浴の用意や就寝の準備も言われなくても取りかかります。又、学園や学校の行事の準備もしかりです。つまり、あまり手がかからないのです。

A君は四歳一カ月で北光学園に入所してきました。きかん気なところはありますが、遊びが得意で年長者よりもしっかりしている面があります。発達には個人差はありますが、A君は繰り返しの指導により順調に発達してきた一人です。

今どきの若者ついてさかんに論じられています。無気力、ひきこもり、不登校、学級崩壊、フリーターの増加など。

学校へ行っても集中して勉強することができない。就職しても決められた仕事をこなすことが苦手で自分の好きな仕事しかできない。それゆえ、正社員ではなく、フリーターを希望する。これらの現象は人間として必要な精神の緊張や強さが足りないからだといわれています。

A君のように自主性を養ったり、個性を伸長することはもちろん大切です。しかし、それらの前にしっかりとした人格の基礎を作ることがもっと大切です。

東京女子大学の林教授は、①自分の感情をコントロールすること、②他者との関係を適切に結べること、③必要な規律やルールを守ること、これらの能力は三歳頃までにできあがってしまい、少なくても小学校に入る頃にはほとんど固定化されてしまうといいます。

これらの能力を作るには、乳幼児期における毎日の寝る時間、起きる時間、食事の時間、遊ぶ時間、昼寝の時間、おやつ時間等を決めておき、だいたいその通りにリズミカルに規則正しく行うようにします。これができていない子は規則や時間割に従って生活できません。何か一つのことに集中できないで注意散漫になります。自分の好きなことしかできません。やる気がなくなげやりになるなどの症状を見せるといいます。

子どもには年齢にふさわしい「枠」「リミット」が必要であり、適度な規制と正しい「リミット」を与えられている子どもの方が落ち着いており、また自分に自信を持っているといいます。

「規則正しい生活をしなさい」という提示があり、それに即してしつけがなされます。それから外れたら「しかられる」というしつけの仕方が正しい方法です。その場その場で「やれ、片づけなさい」「ほら、歯を磨きなさい」という指導の仕方をしていると「その時その時言われたことをやればよい」という「指示待ち人間」になってしまうといいます。

今の教育の問題点は「ゆとり」や「個性尊重」が足りないとか「ストレス」が多過ぎることではなく、全く逆であり、必要な緊張や規範意識が足りないため問題が起きていると林教授は

料金受取人払郵便

札幌中央局
承　　認
1046

差出有効期間
平成28年9月
30日まで
●切手不要

郵便はがき

0 6 0 - 8 7 8 7

札幌市中央区北三条東五丁目

株式会社共同文化社 行

お名前　　　　　　　　　　　　（　　歳）

〒　　　　　　　　（TEL　　－　　－　　）

ご住所

ご職業

※共同文化社の出版物はホームページでもご覧いただけます。
http://kyodo-bunkasha.net/

愛読者カード

お買い上げの書名

お買い上げの書店

書店所在地

▷あなたはこの本を何で知りましたか。

1 新聞(　　　　　　　)をみて　6 ホームページをみて
2 雑誌(　　　　　　　)をみて　7 書店でみて
3 書評(　　　　　　　)をみて　8 その他
4 図書目録をみて　(　　　　　　　)
5 人にすすめられて

▷あなたの感想をお書きください。いただいた感想はホームページなどでご紹介させていただく場合があります。

〈個人情報の取扱いについて〉

(1) ご記入いただいた個人情報は次の目的でのみ使用いたします。
・今後、書籍や関連商品などのご案内をさせていただくため。
・お客様に連絡をさせていただくため。

(2) ご記入いただいた個人情報を(1)の目的のために業務委託先に預託する場合がありますが、万全の管理を行いますので漏洩することはございません。

(3) お客様の個人情報を第三者に提供することはございません。ただし、法令が定める場合は除きます。

(4) お客様ご本人の個人情報について、開示・訂正・削除のご希望がありましたら、下記までお問合せください。

〒060-0033　北海道札幌市中央区北3条東5丁目　TEL:011-251-8078／FAX:011-232-8228
共同文化社：書籍案内担当

ご購入いただきありがとうございました。
このカードは読者と出版社を結ぶ貴重な資料です。ぜひご返送下さい。

指摘しています。

近年、学校の体育祭等から騎馬戦や組体操が消えてきています。身体がひ弱になっていることは否めませんが、なぜか淋しいです。心も身体ももっと鍛えられてもいいように思います。

北光学園においては、一日の生活日課が決められており、酷使は論外ですが、日常的にお手伝いとしての掃除や除雪、時には園庭や畑の草取りなどの作業を行なわせています。

また、集会活動や避難訓練、剣道や茶道などあらゆる機会を通じて、整列や礼の仕方、話をしっかり聞くなどの緊張させる場面も設定しています。これらは、子どもの自立にとっても大切な要素であると思うからです。

内閣府が発表した「青少年白書」によると、非行少年の特徴を、①自己中心的価値観を持ち、規範意識が低い。②コミュニケーション能力が低く、対人関係がうまく結べない。この問題の背景には、①多様な体験や交流の機会の不足。②社会全体の価値観の揺らぎ、③情報化の進展や有害情報との接触があると分析しています。

この対応として、大人に対しては自分を省みた上で、愛情を持って子どもと向き合うこと、青少年に対しては、自分の定めた目標を持って努力することを呼びかけています。

ニュースで目にする少数の残酷な若者が話題になりますが、満たされ、恵まれた子がある日突然切れるという現実もあります。こらえ性のないわがままな人間を作らないためにも心を鍛えることは大切です。

育てたように育つ

（平成十四年四月二十日）

新年度がスタートしました。

三月の職員会議で新年度の目標をどのようにするか話し合いをしました。

例年、目標を何にするか話し合いますが今年は子どもたちにも考えてもらおうと部屋毎にとりまとめ、それを参考にしながら、論議は二時間近くに及びました。

その一つは挨拶の習慣化についてです。「学園の子たちはいつも挨拶をしてくれる」と地域の方々にお誉めの言葉をいただいてはいますが、全員がきちんと挨拶をしているわけではありません。

挨拶は人と人との関係づくりにおいて大切なことと説いても子どもたちにはなかなか理解してもらえない悩みもあります。言われるからしているという子も中にはいます。言われなかったらますますしなくなるだろうということもあり、会議等で時々話題になります。

挨拶、返事が徹底できると、子どもは素直になって言うことを聞くようになることも確かなことであり、しつけの中でもとりわけ重要視しています。

次に話題となったのは思いやりの心をどう育てるかについてです。

思いやりの意識は親子関係がうまくいっている場合に高い。施設で生活している子の思いやりは親代わりとなる指導員や保育士との関係がうまくいっているかどうかが決め手になります。親の心で、思いやりを子どもにどう表現していくべきか、何よりも職員が思いやりの心をもって子どもたちに接することが思いやりを育てることになる、との結論となりました。

結局、平成十四年度の目標は「元気なあいさつ　おもいやりの心」と決めました。一年後の成果を期待しているところです。

かつてインドのカルカッタの南西でオオカミに育てられた人間の子どもが発見されました。孤児院に引き取られ教育されました。アマラは二歳、カマラは八歳。アマラはまもなく亡くなり、カマラは十七歳まで生きましたが、ついに二本足で歩くことはできませんでした。オオカミと同じで昼は暗い部屋の隅でうずくまり、夜はうろつき回り、毎晩三回遠吠えをしました。手を使って食べることはなく、ペチャペチャと舐めて口に入れていました。人が寄ると歯を剥き出しにして声をたてる始末。言葉を教えましたが死ぬまで四十五の言葉しか使うことができませんでした。カマラの死ぬ時の知能は三歳半ぐらいだったといいます。

これは何を物語るかというと、人間の赤ちゃんは、動物と違って育てたように育つということです。優しい親に育てられた子は優しく育ち、いじわるな親に育てられた子はいじわるな子に育つということです。

もう一つは子どもの発達に即した適切な教え、関わりが必要だということです。いわゆる適時性が欠けると二本足で歩けなかったり、手を使って食べることなどができなくなってしまうということです。

人間は他の動物と違って一人前になるまで長い長い時間がかかります。猿であれば一週間くらいで大人の猿と同じ行動ができます。牛や馬は生まれたらすぐ四本足で立つことができます。どのようにでも育てることができるのが人間ですが、思うように育てることができないのも人間です。「子どもは親の心の鏡」といわれますが、子どもを見れば親が分かるといわれる所以です。

さまざまな生活環境を背後に入居している子どもたちに適時性の欠けた部分を補うことはかなり困難を伴います。しかし、しつけや規則正しい生活を通して、時間に従って行動したり、前向きな姿勢を培っていかなければなりません。

最近、子どもたちの口から「疲れた」「疲れた」という言葉をよく耳にします。体力的に疲れたのなら分かりますが、どうも精神的な疲れも目立ちます。精神的緊張からくるストレスと思われますが、生活習慣が身についていない子ほどストレスが溜まるといわれています。

過日、ある高校の卒業式に出席しました。式が終わり、教室で担任の最後の話が始まりましたが、あちらこちらで生徒がおしゃべりをしています。隣の親が「小学生並みだね」とささやいていました。

しばらくして、通学列車に乗ることがありました。手鏡を出して化粧を始めた高校生、スカートをはいて股を広げ、斜め向かいのピアスをしている男子高校生と大声で学校の悪口を言い合っていました。

このような光景を見るにつけ、日本の教育の貧しさを思わずにはいられませんでした。

手前みそになりますが、そこに乗り合わせた当施設の高校生のマナーの良さに内心ホッとしました。私がそこにいたからではないと確信しています。

巣立ち

（平成十四年八月二十三日）


K君は高校の通信教育半ばで就職の道を選択しました。

一旦休学し、仕事に慣れたら通信教育を再開するというのがK君の考えです。

彼は家庭の事情で一歳二カ月の時、四歳になる兄とともに学園に来ました。以来十七年間、文字通り学園を家庭として暮らしてきました。

彼を初めて知ったのは七年前、私が学園に移ってきた時ですが、最近ではわがままな行動も見られる反面、大人顔負けの仕事ができるほどに成長していました。

通信教育を受けながら、日中は職員について野菜づくりや除雪作業など、学園のお手伝いをしてきました。こうした訓練によって社会に出て働けるほどの力は十分についてきていました。

同年代の子どもたちが高校を卒業し、社会に出ていったこと、今春の三月まで一緒に通信教育を受けながら職業訓練をしていたM君が卒業し、K君一人になったことなどが背景にあり、本人も早く社会に出たいという気持ちが徐々に募ってきたものと思われます。

話し合いの結果、最終的に本人の意思を尊重することにしました。

いざ就職となるとかなり厳しい状況が予測されましたが、幸い本人が希望する土木関係の会社を学園の先輩であるS君が斡旋してくれ、とんとん拍子に話が進み、採用が決まりました。

さて、いよいよK君は学園を去り、札幌へ旅立つことになりました。同行した職員の話によると、学園での別れから旭川までずっと泣きじゃくっていたといいます。K君の泣き顔を見たことがない私には驚きであり、いつも強がっていた彼の一面を改めて知ることとなりました。札幌に着いて施設長の手紙を職員が渡すと、またまた泣き出してしまったといいます。翌日の同行職員との別れ際にも目に涙を浮かべ、「行かないで」という手招きのような仕草を繰り返し、同行職員も身につまされ、思わず戻ろうかと、思ったといいます。

十八歳というと、私が家を離れた年であり、当時のことが思い出されます。教員志望だった私は、東京の教員養成大学を受験するも失敗し、そのまま東京に残りアルバイト生活に入りました。上京の手段は汽車であり、容易に実家に戻れるような状況ではありませんでした。今のように飛行機はまだまだ私たち庶民の乗物ではなかったし、汽車賃にもゆとりはなかったからです。簡単に帰ることができないという悲壮感のような心境でした。

私の娘二人とも、それぞれ十八歳で私たちの元を離れ、アメリカでの留学の道を選び、旅立ちました。ほとんど未知の世界である海外は不安と期待の交錯した複雑な心境だろうと思っていましたが、実にあっけらかんとして、笑顔で旅立ったのです。親として意外に思ったものです。

むしろ残された私の方が、心にぽっかりと穴があいたような空虚感に陥ったのです。娘たちはスムースに親離れをしていきましたが、当の私は子離れに時間を要したのです。妻の心境はいかほどだったかは、未だに聞けないでいます。

毎年、何人かの子どもたちが学園を巣立っていきますが、我が子と同様いつも心配が先立ちます。そして私たちのそれまでの養育がどうだったのかが問われることになります。ましてK君のように幼少の頃から育ててきたのであればなおさらのことです。

教育は生きる力を育てるとか、社会の基礎基本を教えるとか、愛を教えるなどとさまざまにいわれますが、私は人間としての生き方を教えることが大切ではないかと思っています。

人間としての生き方は親や学校の教員など大人の責任です。困っている人がいれば手を差し伸べるとか、高齢者に席をゆずるなど、当たり前のことを当たり前に実践すること、言い換えれば小さな善意の積み重ねが人間としての生き方を決めていくように思います。

果たして私はK君にそのことを伝えてきたのだろうか、自問自答しているところです。「優しくなければ生きている価値がない」と誰が言った言葉かは知りませんが、こういう世の中だからこそ、優しい行ないが大切な気がします。

K君より、社長さんから貰った携帯で早速職員に電話がありました。「心配ない、仕事は楽しい」、訥々と話す彼の話から少しずつ「親離れ」していく様子がうかがえます。

八月に入って、東京に出張しているという電話が入りました。まわりの仕事仲間が暑さで熱中症にかかっている中で、彼は暑さにも負けず、元気に仕事をしているといいます。身体は元々丈夫な方だった彼は、心も徐々にタフになっていくだろうと思います。K君の今後をあたたかく見守っていきたいと思います。

忘れられない夏

（平成十六年九月二十日）

今年の夏は熱くて暑い夏でした。熱いことの一つはアテネオリンピックでした。日本の選手の活躍は見事でした。メダルの獲得数が過去最高で金メダルも史上タイ記録でした。国を挙げての強化策が実を結んだと言われていますが、選手の精神力の強さも感じられました。

私が特に印象に残ったのは水泳女子八百メートル自由形の柴田亜依選手の金メダルでした。

自由形は全体的に世界と開きがあり、柴田選手もほとんどメダルを期待されていなかったようです。金メダルをとった本人が一番驚いていたようです。

高校野球の駒大苫小牧の全国制覇も感動的でした。レギュラーの中に知人の息子さんがおり、いつ敗退するかと思いつつ、応援に力が入りました。よもやの優勝は本当に驚きました。取られても取り返す力は本物でした。

そして、施設ではうだるような暑さの中で、引っ越し作業を行ないました。三〇度を超す中での作業は嬉しさ半分、辛さ半分といったところでしょうか。

日頃、お世話になっている自衛隊曹友会の方々、取引業者である小林株式会社の社員の方々がボランティアとして駆けつけてくれました。大いに助かりました。作業中は汗が引くこともなかったようです。

こうした高温続きも身体が慣れてきて、気温が二、三度下がると肌寒く感じてしまうから不思議です。

暑さが続く八月中旬、札幌から汽車に乗りました。珍しく混んでいて、指定席は満席。自由席の車両には二十人ほどの客がデッキと通路に立っていました。私もその一人でした。滝川駅で運が良いというか、目の前の席が空き座りました。しかし、座ったものの内心素直に喜べませんでした。私の立つ位置から少し離れた所に白髪の見たところ七〇歳は超えている男性が立っていたからです。車内の温度計は二七度を示し、やや辛そうな表情から気になっていて、思い余って声をかけようとした矢先、側にいた若者が席を立ち、男性に席を譲ったのです。私は内心安堵するとともに、こうした若者がいることに熱い物が込み上げて来ました。

平成十六年夏、園舎完成という記念すべき年は、私にとっても忘れられない夏となりそうです。

イチローの記録

（平成十七年四月十五日）


この地は例年に比べて雪解けが遅く、子どもたちは狭い空間でキャッチボールに興じています。

春の高校野球選抜大会も終わり、プロ野球も開幕しました。野球ファンとしては、この時期を心待ちにしている一人です。

昨年、高校野球夏の大会では北海道のチームが信じられない全国制覇を成し遂げ、プロ野球も再編・改革と揺れ、大リーグでは日本人選手が活躍しました。

中でもイチローがシーズン２６２安打の記録を作った快挙は、大リーガーたちに「信じられない出来事」として称賛されました。先のことは分かりませんが、この記録を破る選手がいるとしたらおそらくイチローしかいないと思います。

この記録達成については、「試合数が増えているから」という声も一部にはありますが、それでは84年間破られなかったのはなぜだろうという疑問が残ります。イチローのファンであるという大学教授（宇宙飛行士向井千秋さんの夫だったと記憶していますが）は84年前の選手と今日の選手との間には質の層に違いがあるといいます。つまり、84年前は、優れている選手とそうでない選手との層の幅は大きかったが、今は均質化し、層が狭まっています。その中でのイチロー記録は驚異的であると語っていました。

イチローは大リーグ一年目から四シーズンで924安打を放ちました。この数字は二位の選手を大きく引き離しています。また、現在のア・ナ両リーグになって以来、シーズン250安打をマークした七人目の打者でもあります。前の六人は1930年までで、今から約70年前の記録だから偉大な記録であります。さらに、大リーグ史上初の新人から四年連続200安打も記録しています。

イチローは、オリックスで七年連続の首位打者でありましたが、その彼もオリックス入団後、何年間かは芽が出なかったのです。大リーグ入りにあたっては早いボールを打ち返すためフォームを改造したり努力を積み重ね、日本でプレーしていた時よりも実力を発揮しています。そのイチローも「本当はこのまま野球をやめたい。このままやめられたら、どんなに楽だろうと思いますよね。そういう訳にはいかない。やらせていただきますけれどね」と心境を語っています。誰しもが「当たり前」のようにヒットを打つイチローの姿をイメージしますが、その裏には他人には分からない苦悩があるようです。

イチローには63年間達成されていない年間打率四割という夢に挑戦してもらいたいですが、「もしかして」という期待を抱かせるのもイチローならではです。

新年度が始まり、新たな抱負と目標実現に向けて子どもたちの挑戦が始まっています。常々子どもたちに「目標を持つ子と持たない子の差は非常に大きい」と話していますが、心身を鍛え、豊かな心を持つよう願っています。

三つのしつけ

(平成十七年六月二十日)

これはある暴走族だった人の言葉です。

「人生の中で、誘惑に負けて間違いを犯すことは誰にだってある。その時に自分を信じて待っていて、受け入れてくれる家庭があれば絶対立ち直れる」。

また、非行や犯罪を犯した少年たちへの調査によると、『家族』が思い浮かんだ時、犯罪を思いとどまるという結果もあります。

こうしてみると、自分が愛されていると実感が持てることは、年齢に関係なくても大切なことです。北光学園の理念は「親の心で子どもの自立支援」です。私たち職員は親にはなれませんが、親代わりとして多くの児童を大切に思い、社会自立に向けた援助を行っています。児童養護施設は、家庭として衣・食・住を満たし、掃除や洗濯、炊事の方法を習得するのみならず、社会適応力を育むことにより、社会で生き抜く力や心を育てていく、つまり生きる力を育て、支えていくことにあります。

人間教育の基盤は家庭教育にあります。その家庭教育の基本は「しつけ」です。家庭では基本的生活習慣や礼儀・作法、金銭感覚を養い、労働の喜びなど様々なしつけが行われますが、中でも次の三つの「しつけ」は基本だと思っています。

一つ目は挨拶です。家庭であれば夫婦、親子間の挨拶は必要不可欠です。「おはようございます」「行ってきます」「いってらっしゃい」「ただいま」「おかえり」「おやすみなさい」「いただきます」「ごちそうさまでした」など何をおいても挨拶に始まって挨拶に終わる。これに心が籠もっていれば言うことなしです。私の家庭では、朝、起きて顔を合わせると必ず「おはよう」、寝るときは「おやすみなさい」と声を掛け合っています。子どもが自立し、今は二人きりですが、それでも長年の慣習で声を掛け合っています。

北光学園の今年度の重点目標は、「あいさつ感謝は心から」です。ホーム毎の反省会において目標の反省を行なっていますが、常に職員も子どもも意識していなければだんだんと後退していきます。職員会議で時々話題となりますが、いつも「子どもたちが挨拶できないのは職員の指導不足」との結論になります。

二つ目は、呼ばれたら必ず「はい」とはっきり返事をすることです。病院や銀行の窓口で名前が呼ばれますが、「はい」と返事をする人はほとんどいません。大人自身が問われているように思います。学校ではどうでしょうか。学校現場にいる時に、生徒の名前を呼んで、「はい」と返事をするまで名前を繰り返し呼んでいました。

同じようなことで、人に聞かれて返事ができない子がおります。職員が何度聞いても子どもは黙っていて、それを職員はそのままにしていることはないでしょうか。先日の職員会議において、このことも話題になりました。聞かれたら必ず意思表示をする、大切なしつけだと思います。

「挨拶」と「返事・返答」で「我」がとれるといいます。この二つを徹底すると、子どもたちは素直になって親の言うことをよく聞くようになります。

三つ目は、履き物を脱いだら必ず揃え、席を立ったら必ず椅子を入れることです。履き物のしつけは、これは前の動作の締めくくりであると同時に次の行動への準備というわけです。

永平寺を開いた道元禅師が「自分の履き物を揃えられないような者に何ができるか、まずは履き物を揃えることを修行しなさい」と教えたということです。禅寺の修行は「履き物を揃える」ことから始まるといいます。

履き物が乱れているということは、心も乱れているということです。心が整っている人は、やる事、なす事がきれいにできるのです。

永平寺ではお寺のスリッパは、必ず向こう向きに脱いであるそうです。後から入る人のためにです。後から入る人のために揃えておくということは、これから来る子孫、これからの人類のために「今日を生きなさい」という意味だそうです。

これらの繰り返しのしつけも常に意識して指導をしないと、子どもたちはだんだんしなくなってきます。繰り返し繰り返しの指導が必要となります。職員が根負けし、諦めてしまうとそこで終わってしまいます。諦めない指導、これが本当の意味での厳しさだと思います。

信頼感について

（平成十七年八月十五日）


子どもたちの指導援助において「信頼感」はとても大切です。

時々、実習生に児童養護施設において大切なことを尋ねると「笑顔」、「子どもとのコミュニケーション」などと共に「信頼関係」と答える学生も結構います。

私たちは日常のケアに追われがちですが、子どもたちにいろいろな生き方やものの考え方、価値観の判断の仕方など人格や人間性を形成していく責任もあります。子どもに影響を及ぼすのは指導員であったり、保育士であり、その人の人格や人間性が影響を及ぼします。

かつて、司馬遼太郎は

「たとえ頭がよくても心が優しくなければだめなのです。大変頭の良い人で、人の悪口ばかり言ってる人がいます。それは心が優しくないから人の欠点がよく目につく。頭が良ければ良いほど目につく。

ところがそういう人は、人間として他の人間に影響を与えることはできないのです。他の人間に対して影響を与えることのできる人はとびきり優しい心を持っている人ですね」。と語り、人間性の大切さ、信頼の絆について説いています。

私たちは、これまで「信頼感」を得るのも一瞬、崩れるのも一瞬を経験してはいないでしょうか。

例えば叱る時、きちんと事実を確かめて指導することは当たり前ですが、それがいい加減であっては子どもは納得しませんし、不満として残ります。それでは子どもは信頼を寄せません。

本園の倫理綱領の中で「職員の援助心得」という項目があります。

①感情で子どもを怒ったり、先入観・固定観念で決めつけたり、不信、疑いの目で入所児童を見ることなく、常にあたたかい気持ちで接します。

②入所児童には常に公平であり、小さなことでも認め、誉め、励まし、教え、諭し、適切な

叱り方を行い、優しさと厳しさで接します。
③私たちは、自分の考えをしっかりと伝え、又、子どもたちの気持ちをつかみながら親身になって指導にあたります。
④入所児童における小さな問題行動や心のシグナルを見逃さないため、日頃から入所児童に密着し、観察を怠らないよう努めます。
⑤児童との約束は必ず守るとともに、どんなに忙しくても後回しにせず対応し、児童の話に耳を傾けます。
⑥私たちは、入所児童を一人の人間として尊重するため、呼び捨てや不適切なあだ名では呼びません。

このようなことが実践できるのも人間的にしっかりと確立されていることが必要です。人が素直に指導を受け入れることができるのはその人の人間的魅力に引かれる場合が大きいからです。

又、ごみやほこり、落書きがないか、掃除は行き届いているか、掲示物は乱雑になっていないか、子どもの服装は乱れていないか、靴のかかとをつぶして履いていないか、これらのことは、職員のこだわりや価値観によるものです。

こうしてみると「信頼感」は理屈ではなく、又、「信頼感」をつくるノウハウがあるのではなくて感覚のように思います。子どもがその職員を肌で感じてその職員を判断するのです。つまり、その職員の人間性を肌で感じて「信頼感」を見出すのです。人間誰しも長所も嫌な面や醜い面ももっています。完璧な人間はいませんが、自己を高める努力はしていきたいと思います。

指導援助の技法のみならず、子どもが認める人柄なり人間味を備えた人格者であることが大切だと思います。子どもは大人らしい大人を大人として認めるからです。

命がけの救出

（平成十八年六月十五日）

記憶に残っている方もいると思いますが、先頃、東京のＪＲ山手線大久保駅でホームから線路に落ちた女子大学生を韓国人留学生が助けたというニュースがありました。

平成十三年に同じ駅で線路に落ちた男性を、韓国人留学生が助け出したものの、留学生は電車にはねられ亡くなっています。この出来事は五年前のことですが、未だ鮮明に記憶に残っています。

今回救出した留学生は、先に電車にはねられ、亡くなった留学生と同じ日本語学校に通っていました。彼は「先輩のことを瞬間的に思い出した。先輩に助けられて普段の何倍もの力が出た」と話しています。

新聞によると、午前五時半ごろ山手線内回りのホームでトイレに行く途中だった彼が、線路に転倒し倒れている女子大生を発見。ホームには二十人ほどの客がいたが、見ているだけだったといいます。

頻繁に電車が通るため一瞬ひるんだが、夢中で線路に飛び込み抱きかかえてホームに運んだといいます。「韓国人なら誰でも取る行動を取ったにすぎません」と留学生。

この出来事は多くのことを考えさせられます。

一つは、先輩の留学生が人を助けようとして電車にはねられ亡くなったのであれば、それが脳裏を掠め、足がすくみ、助け出すのをためらうのが普通だと思いますが、むしろ「先輩に助けられて普段の何倍もの力が出た」と話していることです。そこには計り知れない力が働いたように思います。

二つは、ホームには二十人ほどの客がいましたが、ただ見ているだけだったという事実です。自分が果たしてその場に居合わせたらどういう行動をとっただろうと思うと、考え込んでしまいます。

昨今、殺人事件が頻繁に起こり、特に小学生や幼い子が殺される事件が相次いでいます。人の命が軽視されている風潮に心が痛みます。

かつて日本の社会に見られた濃密な人と人とのつながりや近所づき合いが希薄になっている

ことも背景にあるように思います。人は人、自分は自分という周囲に気配りすることがない個人主義が地域や家族にまで及んでいるということです。

三つ目は、留学生の「韓国人なら誰でも取る行動を取ったにすぎません」が本当であれば、日本の教育のひずみ、欠陥がここに見てとれます。建前で言えても実行できないのであれば何を学んでいるのかわかりません。「困っている人がいたら助ける」という当たり前のことが教育されていないように思います。救出した二人が韓国人だったことがそれを証明しています。そこにいた日本人の誰もが行動を起こさなかったことに暗澹たる思いがします。人々の心が病み、荒んでいるからでしょうか。

日本は高度経済成長を遂げ、物質的には欲しい物はたいてい手に入りますが、反面、心が貧しくなったと言われています。世界の人々から信頼されるためにも心の教育は重要です。

北光学園の理念は「親の心で子どもの自立支援」です。教育は心と心の触れ合い、魂と魂のぶつかり合いだと思います。子どもたちには人や物に感謝する心、他を思いやる心を重点に指導援助しています。

例えば、子ども達が人から物をいただいた時は一人一人がお礼の手紙を書きます。他を思いやる心も相手の立場や気持ちが分かるように普段、言い聞かせているところです。

心が豊かになるということは自分が幸せになることだと思います。先のニュースは韓国人留学生の勇気と心の豊かさを感じる出来事でした。

想像力を養う

（平成十八年九月十五日）

近年、連日のように殺傷事件が起きています。いつ？どの事件？といちいち確かめなければならないくらい次々と起こっています。

少年による凶悪事件も続発しており、子どもが親を殺すこともさほど珍しくなくなり、殺傷事件に対する感性も麻痺してしまいがちです。

先日、稚内で起きた母親刺殺事件は長男が友人に現金を支払う約束で殺害を持ちかけ友人が実行したという衝撃的なニュースでした。二人の間に全く抑制力が働かなかったということの恐さを感じました。

私たちが生きていく上で、人格（社会規範を守る心）や人間性（思いやりの心）、社会性（たくましく生きていく力）、耐性（我慢する心）、そして想像力や集中力など大切とされている資質や能力があります。先の稚内の事件の少年たちは多くの点が欠けていたと思われます。

その一つに想像力の欠如が指摘されています。例えばふだん、どういうことを言ったら、どういうことをしたら相手が嫌な思いをするか、相手の心が傷つくか、いわゆる他人の気持ちをどれだけ慮ることができるか、それを考えるには豊かな想像力が必要です。

稚内の事件も少年たちが、どんな事情であっても人殺しは悪い、人殺しをすれば捕まる、そして社会から隔離された生活を余儀なくされる、そのような想像ができないほど教育の荒廃が広がっているように思います。ささいなことを注意され、怒られ、不満などから衝撃的に犯行に及んでいる例が多いようです。

それでは、想像力はどのように養うことができるのでしょうか。

一つは親や大人の関わり方にあります。親や大人が優しく関わり、楽しく遊んでくれたり、想像させる問いかけをするなどによって身についていきます。親の働きかけでどんどん想像力を豊かにしていきます。

二つには読書があります。読書離れが言われて久しいですが、読書は自分を見つめ、問いかける行為です。また、文字から読み取ることによって想像力をたくましくしていく効果もあります。文字を読まないと想像力が衰え、感性が退化していくと言われています。

俳優の児玉清さんは想像力を養うために小説を読むことを勧めています。

「小説の中には、人間同士の感性のぶつかり合いがあります。その感情を我が物として受けとめることで、他者を慮る気持ちが芽生えるのだと思います」

日常の中で、時として「むかつく」「死ね」などの言葉が飛び交うことがあります。激しい言葉の裏には、分かってほしい、悔しい、寂しいなどの感情があるといいます。そんな子どもたちの気持ちを大人が受けとめ、そのような言葉が出ない指導が必要です。

東京大学が実施したアンケート調査によると小中学生の家庭の教育力がさらに低下したと考える校長は九割に達したそうです。

想像力を働かせるならば、家庭の教育力の低下は今後さらに教育の荒廃を招き、少年の凶悪事件が増加することになりそうです。

人を思いやる想像力をどう養うかは、私たちに課せられた大きな問題です。

過ちへの対処

（平成十八年十一月十五日）


小規模施設を含めて六十六名の子どもが家族と離れて一緒に生活していますから何事もなくというわけにはいきません。

大人でも過ちや失敗をしますから、子どもでは尚更のこと多くの過ちや失敗を起こしてくれます。この過ちや失敗が少ないに越したことはありませんが、仮に起こしてしまったとしても、その子にとって絶好の教育のチャンスととらえることにしています。問題行動の未然防止や最小限に食い止めることはもちろんですが、起きた時は適切に対処することが、後々効果となって現れてきます。

先頃、高校生男子による万引きが分かり、停学処分を受けました。

本園の子どもによる万引きは二年に一件位の割合ですが、私たちにも油断はありました。生徒も中堅学年になり、気が緩んでいたのではないかと思われます。

高校側は、生徒の課題の消化状況と反省を深めさせようと毎日のように施設を訪れてくれました。生徒も徐々に事の重大さに気付いたように思われます。

万引きを起こした時に大切なことがあります。

一つは厳しく叱ることです。事の顛末と事実を正確につかみ、万引きは悪い、絶対だめなことであるということを認識させるとともに厳しく叱ることです。

二つには職員と一緒にお店に謝りに行き、弁償をさせることです。子どもには、ふだんお世話になっている周りの人達にこんなに迷惑をかけて大変だと認識させることも大切なことです。どちらかというと家族との絆が薄い子どもは、家族を悲しませるという思いが働かないようです。家族との絆は大きな抑止力になることは、犯罪を犯した少年たちの調査でも明らかになっています。

三つには万引きの背景を考えることです。当人は欲しくて盗ったと言いますが、私たちにもその原因をつくってはいないか考えてみる必要があります。「嘘は泥棒のはじまり」と言いますが、嘘も泥棒も追いつめられた姿から出てくるといいます。

大人には「犯罪」である万引きが、子どもにとっても「犯罪」であることに変わりはありません。ほしかったから盗る、見つからなければいいという考えは罪の意識がなく、自己中心的です。子どもに常に目を向けていたか、コミュニケーションは十分とれていたかなど私たちにとっても振り返ってみるチャンスということがいえます。

「下に立つ」という言葉があります。大人の態度としては、子どもと目の高さを同じにして、心は子どもよりも下に置いて話を聞きなさいということです。アンダースタンド（理解）とは、下に立つということです。どちらかというと大人の態度は上に立つオーバースタンドですが、子どもとつき合う時は、せめて心はサイドかアンダーにということのようです。

子どもは一度も親になったことがないので、「親の心子知らず」は当たり前ですが、親は子どもだったことがあるのですから、子どもの心に戻れるわけです。心の中に子どもの心を持って指導することも大切なことかもしれません。

「ひとりぼっちの私が市長になった！」を読んで

（平成十九年六月十五日）

「ひとりぼっちの私が市長になった！」。これは茨城県高萩市長草間吉夫氏の著書です。草間市長は当選の時、児童養護施設出身初の市長として新聞に掲載され、また、そのことを釧路まりも学園の中田施設長が施設通信の中で紹介していた人です。

草間市長の経歴は、私生児として生まれ、乳児院、児童養護施設で育ち、東北福祉大学大学院修了、児童養護施設に五年間勤務した後、松下政経塾に入塾、卒塾後、大学講師を経て二〇〇六年二月、初挑戦で、しかも四〇歳の若さで市長になりました。

「ひとりぼっちの私が市長になった！」は、生い立ちから市長になるまでの半生を綴ったものです。児童養護施設での生活を通して草間市長が感じていたこと、思いは、児童養護施設にいる者として思い当たることが大部分でしたが、中にはそういう見方、感じ方をしていたんだと思う記述もあります。

著書の中から印象的な内容をいくつか紹介します。
◎「家庭の味とか温もりといったものを知らずに育った私であったが、しかし、ものは考えようかもしれない。私のような施設育ちの者は家庭的なものや人の愛情、やさしさにふれたとき、人一倍大きな喜びを感じるからだ」
◎「施設出身者と知られると、周囲から特別な目で見られたり、必要以上に同情を寄せられたりで、なにかと傷つけられることが多い。施設で育った人ならみな、子どものときからそれが骨身に沁みている。社会生活を営むうえでも、施設出身者は著しく不利だ。これは主として親や親族など身寄りがいない、もしくはいても頼りにならないために、身元保証人が立てられないことに起因する。保証人がいないばかりに就職をするのは容易ではなく、アパートを借りるのもローンを組むのもままならない。

さらに、施設出身者であることが必ずといっていいほど障害となって立ちふさがるのが結婚するときだ。結婚相手は承知していても、その親や親族が首を縦にふらず、破談にいたるケースは決して少なくない。

結局、施設育ちであることを明かしても何もいいことはなく、施設出身者は生い立ちを封印したまま社会生活を営んでいるのが実態なのである」
◎「それにしてもあらためて人の縁には二種類あると思う。それは血縁と他人の縁だ。私は血縁にこそ恵まれなかったが、他人の縁に恵まれた」
◎「世間では施設育ちは苦労しているから辛抱強いと思われるかもしれない。しかし、これは誤解である。たしかに一般家庭に比べて施設の集団生活は、不自由なことが多い。しかし、完全管理のなかで規則に順応することを強いられてずっと過ごしてきているため、施設育ちはとくに自立心が乏しく精神的にも弱いところがある。施設っ子は過保護だという指摘もあるが、それはある意味で当たっている」
◎「一般的に児童養護施設の子どもは、その性格や傾向にいくつかの共通点が見られる。前にふれた経済観念の乏しさもそのひとつだが、特徴的なものとしてよく指摘されるのが『自立心の欠如』である。別の言い方をすると指示されないと動かない子が多い」
草間市長は、松下政経塾時代に「スピークアウト」の試みが早くからなされていたカナダを視察に訪れ、「スピークアウト」の必要性を感じ、次のように述べています。

◎「スピークアウトは、一般的に『思い切って言う』といった意味だが、児童福祉用語として使う場合は、「生い立ちの告白」という日本語にあてるのがふさわしい」

「私は、施設出身者自身が変わるためにも、彼らに対する世間の偏見をなくしていくためにも、スピークアウトが重要な鍵を握っていると考えている」

草間市長は、決して優等生タイプではなかった。ずうずうしいところもあり、学校の成績も飛び抜けていたわけではなく、小さい頃はやんちゃ坊主で、中学生のときには剃り込みを入れたり、盗みもしたことがあったようです。大学時代にはアルバイトで得たお金はディスコ通いで使い、おまけに成績不良。ファッションに懲りブランド物を買い求めていたということです。

しかし、人なつっこい持ち前の明るさ、そして努力、お世話になった園長夫妻、指導員など周りの人たちの教えと支えによって夢を実現させました。

草間市長にとってはこれから本当の意味での彼の実力が試されますが、児童養護施設の中にいる者として陰ながら応援していきたいと思います。

四つのいい話

（平成二十年六月十五日）

■夢のような話

今年の四月十九日、東京にある有限会社トゥルーノースのスタッフの方から、十二月六日（土）、東京ディズニーランドで行う第八回クリスマスチャリティイベントに子どもと職員を招待したいとの電話がありました。

招待の経緯は、三月に一度電話があり、アンケート用紙を送るので回答してください。ただし、回答したからといって必ず招待するものではない、ということでした。三月下旬に送られてきたアンケートは、施設の特徴、施設や子どもの課題、ボランティアでお役に立てることがあるか、という簡単なものでした。

第七回までは東京や東京近郊の児童養護施設の子どもたちを招待してきましたが、地方の児童養護施設の子どもたちを招待しては、ということになったとのこと。

小学生以上の子どもたちと職員の付き添いは子ども三人に一人の割合、地方の児童養護施設は北光学園だけということでした。（その後の情報では九州から一施設追加になったということです）

私は、夢のような話であり半信半疑でしたので、何故、北光学園が選ばれたのか、経費の負担のこと、子どもたちに知らせてよいかどうかなど確認しました。さらに、心配なので、会社の概要をインターネットで調べ、この会社が経営コンサルタント会社であることが分かりました。

経費は募金で賄うということで、施設の負担は職員の食事のみということでした。五月一日にメールが届き、六月十四日に、スタッフ八名が一泊で来園し、打ち合わせをすることになりました。ここに来てようやく安堵したところです。

■感心させられる話

いつも感心させられることがあります。それはここを卒園して訪ねてくる子どもたちのほとんどが手土産を持ってくるのです。誰かがこうしなさいと教えたわけではありません。「たくさん給料を貰っているわけではないのだから無理しなくてもいいのに」と言ってはみるものの、内心、嬉しい気持ちにさせられます。

昨年三月に高校を卒業し、お菓子製造販売の会社に勤めた女の子がいます。勤めて一年の間に、入所している子に二回、職員に五回ほどお菓子を届けてくれました。このような行為は気持ちがあってもなかなか実行できないものです。この子たちに感謝の心が育っていることを本当に嬉しく思います。

先頃、この子が卒業した高校の校長先生が本人に会ってきたことをお聞きし、多くの方々が関心を寄せていただいていることを有り難く思っています。

■ちょっといい話

元プロのサッカー選手であったラモス瑠偉氏は、少年サッカー教室でこう言ったそうです。「みんなの中で、お父さんに『おはよう』と挨拶していない子いる？　いるだろう？」するとと、「ハーイ」とたくさんの子どもたちが手をあげた。「今、手をあげた子は帰ってよい」とラモス氏。子どもたちはベソをかいた。子どもたちは高い靴を買ってもらい、後ろには期待をして応援に来ている保護者がいたといいます。

■すごい話

元プロゴルファーの鈴木規夫氏が、自分の選手生命が短かった要因の一つとして、心の中にも選手寿命を縮める原因があったと自己分析しています。

それは、ゴルフに専念できる環境を与えてくれた親をはじめ、周囲に対する感謝の念が、若い頃には薄かった。自分で栄光をつかんだと思い上がっていたかもしれないと。

感謝の念は、心の広さがなければ生まれません。自己中心的な人は、井の中の蛙で、人間としてのスケールが小さい。周囲とのかかわりを軽視し、見識が浅く、逆境に弱い。そのために限界は早く訪れるとのことです。

それゆえ、感謝することを知らず、独り善がりで思い上がった子は、弟子として入門を認めない。キレたり、あきらめやすいために、ゴルファーとして幸福になる資格がないからというのが鈴木氏の論です。キレたり、あきらめやすいという点では、児童養護施設のかなりの児童にあてはまりそうです。

責任の果たし方

（平成二十年十月十五日）

「現代はどうも上司と部下の関係が優しすぎる傾向にあります。厳しいことがいいとは限りませんが、私自身が身をもって体験した人材育成の妙は至誠に基づく厳しさでしか人は成長しないということでした」

そして、その上で至誠とは「誠意をもってお客様に一生懸命に尽くすということである」。これは、二〇〇五年に末席取締役から大抜擢で社長に就任した資生堂の前田新造氏の言葉です。

さて、トップの責任とは何だろうかと考える時があります。職場の人間関係が悪かったり、活気がなかったり、職員が動かなかったり、事故が多発するなど、この原因のほとんどは施設長に帰趨すると思っています。

例えば、指示したことや、約束事などやるべきことを怠った時、児童への不適切な関わり、保護者への不適切な対応、社会常識を大きく逸脱する行為、私自身の思いと異なる場合などです。

叱った後は、ちゃんと分かってくれただろうか、ちょっと言い過ぎたかもしれないなどと終わってからあれやこれや気になるものです。それでも言うべきことは言わなければならない。放っておくとタガが緩み乱れが起きる元になるからです。

もう一つ挙げるならば指導力があります。指導力で大切なことは集団を指導せんとする意志の力ではないかと思います。

トップとして人柄や人の扱い方なども大切な要素かもしれませんが、こうすべきだと思っていても、それをやろうとする意志や熱意がないとそれは無きに等しいからです。職員に訴え、理解を求め、みんなの知恵を結集することが、一つのことを為し遂げる道だと思います。

年度当初に職員に話したことの一つですが、人は何か事を始めるときは、心に期するものがあって一生懸命やろうとする意欲や謙虚さがあります。しかし、時を経るにしたがってその思いは薄れ、それとともに熱意や謙虚さを失くしていきます。これは人の常として一面やむを得ないことなのかもしれません。自然なことかもしれません。だが、その時、その人の成長は止まると言われています。そうならないために、時々初心に返ることが大事なのです。実践のプロになるためにもこのことは大切なことだと思っています。

プロとアマチュアの違いについて、東急ホテルズ前社長の梅原一剛氏は次のように述べています。

「プロとアマチュアの差は、自己流かどうかで決まります。自己流だと三年後の自分と十年後の自分と三十年後の自分が変わらない。ところが、プロとしての教育を徹底して受け、自らも研鑽していった者は三年後の自分も十年後の自分も、今とはまったく違う。三年後は三年の、十年後は十年の積み重ねが確実に成長分として血肉になっているんです」

肝に銘じたい言葉です。

しつけについて

（平成二十一年六月十五日）

表情のない、目を合わせようとはしない、コミュニケーションがとれない子どもが増えています。この原因は何でしょうか。はっきりしない部分もありますが、テレビの視聴やテレビゲームが大きく影響しているように思います。

テレビを視聴させることで、子守をテレビにさせてきたツケが返ってきているように思います し、最近の携帯メールなどもその一因となってはいないでしょうか。日本小児科医会が二歳以下の子どもにはテレビやビデオを長時間見せないようにしようと提言を出しています。

テレビは長時間視聴することにより立体視できなくなったり、身体を動かす機会も少なくなり足腰の筋肉が発達しない、親子のコミュニケーションがないなど、肉体的にも精神的にも大きな障害が出てきています。不登校の子どもがテレビの視聴を止めたら学校に行き始めたという症例もたくさんあるといいます。

さて、今さら言うまでもありませんが、教育の基盤は家庭教育にあります。家庭教育の基本はしつけです。児童養護施設においてもしつけが柱になります。

近年、子育てができない親が増えています。何を教え伝えるべきかが理解されていないからではないでしょうか。児童養護施設の職員にも、それぞれの育ち方でかなりの違いが出てきます。職員によってちぐはぐな教えにならないよう、あらゆることを標準化することでしつけの質を落とさないための意思統一を図っています。

しつけとは何か？というと、なかなか定義は難しいのですが、人間として社会生活を送るために必要な習慣や態度を身につけ、豊かな心を育てることです。具体的には、

①基本的な保健衛生の習慣

②身の回りの整理整頓を行う習慣

③言葉遣い、挨拶などの礼儀作法、エチケット
④規則正しい生活
⑤ルールやモラル、時間を守ること
⑥思いやり、感謝する心
⑦他人の立場を尊重すること
⑧自己の考えをはっきりと述べること
⑨物を大切にする心、正しい金銭感覚
⑩働くことの大切さ
⑪善悪、正邪の判断力
⑫対人交流の技術
⑬いたずらな欲望や無意味な感情を抑制する心
など、多岐にわたります。

振り返ってみると親からは「学校には遅刻するな休むな」、「学校の先生の話はきちんと聞け」、「人に迷惑をかけるな」、「悪いことはするな」、「食べ物は粗末にするな」、「行儀悪いことはするな」など言われて育ちました。しかし、近年は親が親として何を継承して伝えるかが薄れつつあるように感じています。

しつけというのは「押しつけ」だと言われています。押しつけであり刷り込みであるという

ことです。よく押しつけは良くないと言われますが、子どもが嫌がろうが、子どものためにしなければならないことはする、それを通して前に行くかは子ども自身が決めることであって最初に無理強いをしなければしつけは成り立ちません。食べ物を粗末にしない、文房具や靴など物は大切に使う、困っている人を見かけたら助ける、家族の一員として手伝いをさせるなど当たり前のことを当たり前にさせることの大切さをどれだけ親が自覚し、子育てをしているかが問われているわけです。

しつけは「型」を強制する、「型」に入って「型」から抜ける、模倣させる、継承することではないかと思います。苦痛や恐怖感を伴う「しつけ」はしつけとは言えず、むしろ発達が阻害されます。自主性が育つにつれて指導の手は離れていきます。それまでは親の「型」が必要となります。

子どもの成長は、どれだけ自己抑制ができるかどうかにあります。「だめなことはだめ」、「言いっぱなし、させっぱなしにはしない」、「これはということは言い続ける」など根負けしないことが大切です。代々受け継がれてきたしつけの一つ一つが当たり前のことだと思っていますので、職員の意思統一を図りながら一致した実践を行っていくつもりです。

プロになるために

（平成二十一年十月十五日）


「私は子どもを選ばない」。そう自信を持って言える職員は何人いるでしょうか。

私たちは専門性の向上のために各種研修会をはじめ、日常的に自己研鑽に努めています。

プロになるためのいくつかの姿勢や態度、技術について考えてみたいと思います。

○素直であること
素直であるということは、自分の考えをもっていても他人の考えも受け入れられるということです。素直でない人は他人より自分を一段上において高見から物事を見ていて、謙虚さに欠けます。

○子どものモデルになること
指導者らしい指導者として、挨拶やマナーはもちろん、言葉使いや髪型、服装など子どもの模範となることです。そういう中から子どもたちは職員を大人として認めることになります。

○気遣い、気配りができること
職員によって気遣いや気配りは差が出てきます。周りに対する気遣い、気配りができると優しい気持ちが芽生え、他人のことを考えることができるようになります。

○目標や夢を語ること
目標や夢を持つ人と持たない人との差は大きいです。人間は目標や夢を持つとそれを実現しようと前向きになります。そのためにも職員は子どもに夢や希望を語りたいものです。
○適確な処理、判断ができること
トラブルを起こした子どもたちに対し、きちんと状況を把握せず一方の話しだけ聞いて処理してしまうと、片手落ちになってしまいます。そのままにしておくと、子どもを傷つけ、職員への信頼も損なわれます。
○優しさと厳しさで関わること
優しさとは子どもの気持ちがわかること、厳しさはしつけやルールなどを定着させるため繰り返し諦めず行うことです。優しさと厳しさのバランスのとれた関わりが大事です。
○常に振り返ること
子どもの問題行動は、子どもだけの問題か、関わりに問題はなかったか、自分の力量不足を子どもに転嫁していないかなど謙虚に反省することが大切です。
○時々初心に返ること
時を経ると人間は一生懸命やろうとする意欲や熱意が冷めてきます。自分を成長させるためにも時々初心に返ることが大事になります。
○分け隔てなく公平に接すること

自分では気付かないまま、えこひいきするなど子どもに偏った関わりをしていることがよくあります。どの子どもにも分け隔てなく公平に接する職員が信頼を得ます。
○常に子どもに密着すること
子どもに密着することは、子どもの観察やコミュニケーションが図られ、心のシグナルを感じ取ることができるなど、より深く子どもを理解することができます。いつでも子どもの傍らにいる職員でありたいものです。
○だめなことはだめと言えること
子どもに対してはできないこと、やってはならないことなどは、はっきり言い、あいまいなままにしておかないことが大事。
○これはということは言い続けること
子どもに根負けして言い続けることをやめると、定着させることはできません。言われ続けた子は後で応用が効きますが、言われなかった子は応用が効きません。
○甘やかしはさせないこと
子どもにおもちゃや服などを買い与えすぎた場合、物を大切にしなくなり、何を買っても満足しない子になってしまいます。甘えは受け入れても甘やかしは禁物。
○言いっ放し、させっ放し、見て見ぬふりはしないこと
子どもに言いっ放し、させっ放しのままでいると、子どもはいい加減なことしかしません。

最後まできちんと見届けることが大事。見て見ぬふりもいい加減な子どもを育てることになりますし、職員は甘く見られ、侮られてしまいます。
○機嫌をとったり、おもねないこと
安易に機嫌をとったり、子どもに気に入られようとしておもねると、そのうち子どもは言うことを聞かなくなり、指導が思うようにならなくなります。
以上、いくつか挙げてみましたが、もちろんこれだけがプロへの道ではありません。私たちは児童養護施設の職員として、子育てのプロとして厳しい指導を甘んじて受け、そして人間性や感性を磨き、人格を高めるなど常に自己研鑽に努めていくことが大切だと思います。「最も大切な環境は職員である」ことを肝に銘じて。

親の心で自立支援

（平成二十二年四月十五日）

三月一日、卒園式を行いました。お忙しい中、遠軽高校と生田原中学校の先生もかけつけてくださり、厳かな中にも涙、涙の式となりました。卒園生には楽しかった思い出や辛かったできごとなど感慨深いものがあったと思います。短期大学進学一名、就職三名と、合わせて四名が施設を巣立ちました。不安はいっぱいですが、これから幸せな人生を歩んでほしいと願うばかりです。

新年度を迎えました。本園は家庭復帰の子二名、知的障がい児施設への措置変更が二名、入所した子が三名、四月一日現在、六十名定員のところ五十六名でスタートしました。小規模施設きずなホームは幼児二名、中学生男子二名、高校生女子二名の六名であり、昨年度とメンバーの変更はありません。子ども時代に大切だと言われている安心感、自己肯定感をいかに持たせるか、職員共々実践していきたいと考えています。

四月七日、今年度最初の職員会議において、「北光学園は一部の人だけでなく、みんなで築き上げてきたし、これからも同じです。職員一人一人が自分の施設であると誇りを持って仕事してほしい。また、私達の仕事は人を育てることが使命です。温かい気持ちで子どもを育ててほしい」と前置きして、次のことを話しました。

一、基本的なこと

①自分の子を安心して預けられる施設

②子どもにとって最も大切な環境は職員である

③建設的な意見と実践に努める

④職員の和を大切にし、明るく笑いのある職場

二、子どもを大事にする
①体罰や言葉の暴力、不適切な関わりはいかなる理由があっても禁止
②どの子も分け隔てなく公平に
③子どもの声に真剣に耳を傾ける
④感情的でない、理屈っぽくない、一貫性がある、心をこめる、認め誉めることが信頼感に。
三、仕事にあたって
①常に子どもの傍らに
②子どものモデル、模範となる
③事実を確認せず、憶測で発言したり、決めつけないこと
④決めたこと、申し合わせを勝手に崩さない
四、自己向上のために
①素直な心、謙虚な心、誠実な心、感謝の心を忘れずに
②読書や映画鑑賞など自己研鑽に努める
③自分の意見をもって伺いを立てる
④仕事の負担感、ストレスを上手に発散させる工夫
以上のことを説明し理解を求めました。

最近、発達障がいの子の入所が増えてきている中で、その指導法も研究していかなくてはな

りません。その子にとっては生きづらく、我々にとっては育てにくいわけですが、じゃどうするの？となるとこれがなかなか難しい問題です。

発達障がいの子に対する関わりについては多くの人が語っています。

①正しい行動を誉める。その場合、皮肉や余計なことは言わない

②いいところ探しをする

③注意するときはその時その場であっさり具体的にする

④分かりやすい行動の枠組みやルール、約束事をはっきり示す

⑤到達可能な目標を設定する

⑥否定的な言葉を使わずできるだけ肯定的な言葉を使う

⑦感情的に叱らず、どうすればよいか客観的に伝える

右のようなことが大切だと言われていますが、これらは何も発達障がい児に限らず、普通の子どもたちにも必要なことです。特別な技法ではありません。ただ普通の子よりも丁寧に具体的に示すことは、必要なのかもしれません。

施設にいる子どもたちは、どちらかというと精神的に脆く、簡単に諦めやすい傾向がありま す。これでは困難にぶつかったり、逆境に立たされた時にそれを自ら切り開いてはいけません。「心身ともタフな子どもの育成」は大きな課題です。

また、気遣いのできる、人を思いやることができる、これらは少しずつではありますが、子

どもたちの間に拡がりを見せています。このことも継続し、大事に育てていきたいと思います。

今年度も「親の心で子どもの自立支援」の理念の下、職員と子どもの信頼関係構築を第一に考え、しつけを中心に何を教え、伝え、提供していくか職員と共通理解を図りながら進めていきたいと思います。また事業計画に基づき、よい施設運営を実施していく考えです。

思い返すと

（平成二十二年六月十一日）


子どもたちが夢を持てない社会になっている日本の現実。政治家の責任は重い。

それでも普通高校、高等養護学校三年生の子どもたちは否応なく進路を選択しなければなりません。来春、高校を卒業する子どもは六人。ほとんどが進学、就職の方向は決まっていますが、具体的に事が進むのはまだ先になります。就職する子は就職難で自分のやりたい仕事が見つからない場合が多いのです。

まだ方向が決まっていない一人は、優れて高い学力を有していますが、まだ方向は決めていません。自分の置かれている状況を十分に認識できないのです。進学を希望していますが、これまでやりたい職業や志望先はころころ変わり、本当に何をやりたいのか、また、進学するにしても親の援助の可否や奨学金を借りるなど自力でやっていけるかなど、自分ではまだ整理できないでいます。

思い返すと、私の学生時代は、家が貧しかったため親の援助は全く期待できず、独力で大学を卒業しなければなりませんでした。

高校生の時、留学してみたいと思いましたが、家計状態を考えると、その夢はとうてい叶わないことでした。次の目標は教師になることでした。教師へのあこがれと貧乏から抜け出したいという気持ちからです。これも親の仕送りは望めず現実的ではありませんでしたが、奨学金とアルバイト、寮生活で何とかなるということで突き進みました。高望みして東京の大学を受験するも失敗。茫然自失の中、そのまま東京に残り、少しの間、兄のところに居候し、その後、住み込みで、新聞や薬品の配達をして食いつないでいました。この先、どうしたらよいか考えた時には、東京での暮らしは九ヶ月が過ぎていました。もう一度大学を替えて受験しようと、北海道の実家に戻り勉強を再開したのは十二月も終わりに近づいていました。受験は三月、少しの焦りはありました。

大学では周りの友達や先輩に助けられ何とか四年で卒業することができました。食事も満足に食べられず、体重は五十キロを割り、栄養失調寸前となったこともありました。胃痛が激しく、我慢しきれず病院で診察を受けると十二指腸潰瘍と診断されたものの通院のお金がなく放っていましたが、大病にならず生き延びてきました。周りの学生は親からの仕送りがあり、当時としては珍しいテレビや車を所有している学生もいましたが、苦学生という悲壮感は全くなく、他の学生を羨ましいと思ったこともありませんでした。強いて言えば少し難儀はしたかなという感じです。

高校時代は、やりたいと思っていた野球もユニフォームなどの野球用品や遠征費を考えると、親や兄にすがることもできず、やむなく断念。大学生の時に硬式野球部員が足りず、先輩から助っ人を頼まれました。ユニフォームやグローブ、スパイクなどを先輩から譲り受け、晴れて公式試合に出られたことで、高校時代に野球ができなかった分をわずかに埋めることができました。

大学の四年間はさまざまな経験をしましたが、お金の心配を除くと人生の中で最も良き時代でした。

進路選択にあたっては、子どもたちもいろいろと悩みながら決めていますが、進学したくても援助が望めず、断念せざるをえない子も中にはいます。

私たちが子どもたちに対してできることは、いろいろな選択肢を考えてあげたり、想定されることをアドバイスするなど一緒になって考えてあげることです。また、奨学基金を設けていますが一人一人への援助資金は十分行き届きません。もちろん、試験の手続きや送迎、決定後の住居探しや必要な物品を購入するなどの世話は当然しなければなりません。

また、そこにたどり着くまで高校や高等養護学校の先生には多大なお力添えをしていただいていますし、理解ある企業の経営者など多くの方々にお世話になっています。これからも子どもたち一人一人が幸せな人生を歩み、社会に貢献できるよう支援していくつもりです。

作家　井上ひさし氏のこと

（平成二十二年八月十五日）

むずかしいことをやさしく、
やさしいことをふかく、
ふかいことをおもしろく、
おもしろいことをまじめに、
まじめなことをゆかいに、
ゆかいなことを
　　いっそうゆかいに

これは今年四月、肺ガンのため七十五歳で亡くなった作家であり、劇作家の井上ひさし氏の言葉です。井上ひさし氏は、五歳で父と死別し、義父から虐待を受け、さらに生活苦のため母はひさしを児童養護施設に預けました。彼は高校卒業までこの施設で生活しました。

井上ひさし氏と云えば、分厚いメガネと出っ歯がトレードマークで、最初の妻に対するDVで話題になったことがあります。本人も妻も強烈な個性の持ち主で、互いに妥協することはせず夫婦喧嘩も大変派手だったそうです。

井上ひさし氏の著書はほとんど読んではいませんが、児童養護施設出身者として大変興味を持っていました。特に私が中学生の頃から高校時代にかけてＮＨＫ総合テレビで放映された人形劇「ひょっこりひょうたん島」は強烈な印象として残っています。

ひょうたん島にサンデー先生と子どもたちが遠足に行ったところ、ひょうたん火山が噴火し、島が流れ出しました。サンデー先生らはとうとうこの島で暮らすことになりますが、次から次へおかしな人が訪れ事件が起きる物語です。とにかくドン・ガバチョや博士、トラヒゲなどキャラクターが個性豊かで、笑いあり、風刺ありの展開に、思わず見入っていました。我が家にはいつごろからか、今でもトラヒゲと「ひょっこりひょうたん島」を型どったグッズがあります。

井上ひさし氏には数々のエピソードがありますが、天皇制反対主義であったため右翼に乗り込まれた時に彼は歴代の天皇の名を暗誦し、「あなた言えますか？」と問われた右翼は、すごすごと退散したということ。

また、プロ野球の国鉄（現ヤクルト）スワローズのファンでもあり、五十八年前に同郷の佐藤孝夫がもし新人王を取ったならば未来永劫スワローズを応援し続けると宣言し、結果は佐藤孝夫がその年新人王に輝きました。それからもずっとスワローズを応援し続けたといいます。

その佐藤孝夫さんは選手引退後スワローズのスカウトとして活躍されていましたが、十二年前に生田原で一緒に酒を飲む機会がありました。生田原に佐藤孝夫さんの知人がいて、その人を介して会ったのですが、穏やかで口数の少ない方でした。

井上ひさし氏の作品は多く、「忍者ハットリくん」、「ムーミン」や「ひみつのアッコちゃん」のテーマ作詞、小説や童話、戯曲など多岐にわたっています。直木賞受賞、日本芸術院賞受賞、日本ペンクラブ会長も歴任しました。劇作家の別役実氏は彼を「国民作家にふさわしい」と賛辞を寄せています。

七月に行われた「お別れ会」には一、二〇〇人の方々が出席したといいます。井上ひさし氏の功績と交友の広さが伺えます。児童養護施設から巣立った著名人の一人を紹介させていただきました。

メタボとの闘い

（平成二十二年十月二十二日）

食欲の秋です。私自身は食べ物の好き嫌いはなく何でも食べます。話は遡りますが、昨年の夏は比較的涼しい気候も手伝って夏痩せどころか食べ過ぎて「夏太り」。一挙に四キロも体重が増え、かなり焦ってしまいました。

これはキャンプが続いたり、孫やお客が来てバーベキューの回数が多かったからです。食べ過ぎるといつも満腹感で、食欲も湧かない状態になるのですが、つい気を抜いたためか食べ物を目の前にするといつの間にか箸を動かしているということを繰り返した結果が体重増になってしまいました。しばらくは増えた体重を減らそうとしても、ままならない状態が続きました。ＢＭＩでいうと「太っている」部類に入ってしまったわけです。

児童養護施設の施設長の中にも「メタボ」の人が見受けられ、自分はその仲間入りはしたくないとコントロールしてきましたが、つい油断をしてしまいました。

しかし、「体重は目で落とす」ということを思い出して、それからはヘルスメーターに一日二、三回乗ることに。食べる量を我慢しながら少しずつ減らし、ヘルスメーターとにらめっこしている内に、徐々に体重が減り始め、遂に約五キロのダイエットに成功しました。その後もリバウンドしないよう心がけているところです。

さて、子どもの朝食抜きが問題になっています。「早寝、早起き、朝ごはん」が提唱されてから久しいのですが、どのくらい浸透しているのでしょうか。

朝食は、一日の活動のスイッチを入れる役割があります。人間は朝起きると血糖値が下がっている状態。ボーっとしているのは血糖値が下がっているからです。朝食を摂ることによって血糖値や体温を上げ、一日のリズムを作ります。

「体がだるい」「疲れる」という子どもは欠食している割合が多いそうです。また、朝食を必ず食べる子どもの方が、学校の成績が良い傾向にあるという調査結果もあります。

米を主食とした日本型食生活では茶碗を持ち、箸を持ち、よく噛んで食べるため、脳が活性化されるといいます。朝、脳の栄養補給をすることで、学習、運動にも集中力が高まり、米飯は血糖値をゆっくり上げてくれて、ゆっくり下がるので朝食には理想的だといわれています。

しかし、我が家はいつの間にか「欧米化」し、パン食が主流になっています。食事の準備は妻がしてくれるので、注文をつけたり、ケチをつけると「自分で作れば」と言われそうなので、文句も言わず黙って食べています。

今、日本型食生活は、西欧諸国の人々より腸が長い日本人の体に合った食事で、健康食として世界的にも注目を集め、徐々に普及しています。

豆類、ごま、ワカメ、野菜、魚、しいたけ、芋類など、これらを一日三食の中でバランス良く、楽しく食べることによって子どもたちの「心」、「体」、「脳」が健康に育っていくものと思います。詰まるところ、いろいろな食べ物を少しずつ食べることが良いということのようです。

施設においても、子どもたちの好き嫌いをなくすことは容易ではなく時間がかかります。好き嫌いすると病気に罹りやすく、寿命も短くなってしまうということを子どもたちに話しますが、それは分かっていても実行するとなるとかなりの抵抗があるようです。今から少しずつ食べられるように改め、健康で長生きできるよう支援しているところです。

健康で、何でも食べられるということは、私自身は親に感謝すべきことですが、「食べ過ぎは禁物」、「腹八分目」を心がけていても油断をすると「メタボ」になりそうなので、我慢は続きそうです。いつも、ここで妥協し諦めるか、我慢するかの瀬戸際に立たされているのは事実ですし、格闘の日々が続いています。

人間として大切なこと

（平成二十二年十二月二十五日）

クォリティマネジメントの矢部廣重社長は、ある雑誌の中で次のようなことを記していました。

「人生における成功の鍵は、知識量や才能だけでなく根気の有無にある。つまり、力が足りないのではなく真剣さが足りないのだ」

「実績の差は責任感の差

実力の差は努力の差

人物の差は苦労の差」

また、ソフトバンクの孫正義社長はテレビ番組の中で、「夢を達成できる人とできない人の唯一の違いは、強い決意をし、その夢の達成に向かって、恐ろしいまでの情熱で努力したかどうかである」と話をしていました。

いずれも学力だけではないプラスαの部分の大切さを強調しています。

さて、社会に出る高校生の中に他人のお金をとったり、ごまかしてお金を自分の物にしようとする男の子がいます。小さい頃からそのような傾向はありましたが、長きにわたって、他人の物をとるという行為は影を潜めており、改善できたかなと思っていました。しかし、それは甘かったようです。

担当の指導員も私もこのまま本人を社会に送り出すわけにはいきません。人生の破滅につながるからです。どうにかしてこれにストップをかけなければならないと、本人と話し合い指導を強めました。本人は他人の金品をとることは悪いことだと知りつつも、見つからなければいい、分からなければいいという考えが根底にありました。この子には人間として大切な部分が欠けていることに気づき、その話をしました。

それは、自分本位で、相手の気持ちになって考えることや同情する心、いわゆる思いやりの心、他人の物をとった後のことを、頭の中で思い巡らしたり、考える想像力、他人の痛みや苦しみなどを感じとったり、考える共感性が欠けていることを本人の課題としてぶっつけました。その後、担当指導員から本人は当初、自分の欠点を指摘されたことでショックを受けたようですが、時が経って冷静に自己を見つめられるようになり、課題をはっきりさせてもらったことで、むしろ心がすっきりしたようですとの報告がありました。これらの行為が発覚しなかったらどうなっていくかと想像すると、かえって今の内に明るみになったことは良かったと思っています。

人間として大切な思いやり、想像力、共感性が身についていれば、不正行為にブレーキがかかり、社会問題化しているいじめも虐待も無差別殺傷事件も起こらないだろうと思います。これらは多くの体験や読書、人との関わりを通じて備わっていくものと考えます。

この高校生は自己中心的で嘘やごまかしも多々あり、友達もつくれないという課題もありますが、社会に出るまで限られた時間ではありますが、私たちにできることをこの子に注いでいきたいと思っています。

よく誉める

（平成二十三年二月二十四日）

「教師の言葉が短くシンプルであり、言いたいことがはっきりしている教師は技量が高い。駄目な教師は言葉が長い。一分以上は長いのに、三分も五分も話す。何を言ってるのか分からない。こういう教師のクラスが荒れる。

良い教師は、よくほめる。ほめてほめまくるぐらいほめる。一時間のうちにたくさんほめる場の出来る授業をするのである。駄目な教師は叱ってばかりいる。どなることも多い。どなる教師は駄目教師と思っても良い。技量が低いから子どもが混乱するのに、それを叱ったりどなったりして黙らせるのである

発達障がいの子が一割近くいる。すぐれた教師は、その子たちもまき込んで授業をする」

少し引用が長くなりましたが、これはある月刊雑誌に掲載された向山洋一氏の文です。教師をしている人なら向山洋一氏の名前を知らない人はいないと思います。

小学校の教師時代から教育技術法則化運動を提唱し、「跳び箱はだれでも跳ばせられる」「授業の腕を上げる法則」でも知られ、「学級崩壊」「モンスターペアレント」の用語の考案者とも言われています。

冒頭の文の「教師」を「指導員」・「保育士」に、「クラス」を「ホーム」に「授業」を「養育」に置き換えると私たち児童養護施設職員にも十分あてはまります。

誉めてくれた大人に対して悪い感情を抱く子はいませんし、誉める誉められることが信頼関係を築く近道です。もちろんそれだけでは信頼は得られません。例えば理屈っぽいとか、感情的になりやすい、一貫性がない、心がこもっていない、約束を守ってくれないなど、その人の人格、人間性、生き方など全てというかその人の醸し出す魅力がともなわなければなりません。

しかし、その中でも認め誉め、励ましは最も大切なことだと思います。よく「誉めるところがない」ということを耳にしますが、誉めるところがなければ誉める場面を大人が意図的に作ってあげることが必要です。指導員や保育士が、「○○ちゃん、ちょっと手伝って」「○○ちゃん、そこの紙くず拾ってくず入れに捨てて」など、日常のさりげない関わりを通して、誉めたり、感謝の言葉を表すことによって変えていくことです。

こういう技術は理屈では分かっていても、その前提となるのは職員の情熱とか意欲です。

私の経験からいうと、嫌々ながら後ろ向きに仕事をしていると成長は望めません。意欲をもって前向きに取り組んでいる時は失敗はあったとしても確実に前進するものです。仕事の好き嫌いで判断すると長続きはしません。嫌いでも自分の考えと合致しなくてもその職場の方針やシステムを理解するしかありません。理解して、何年もそこで働き続けると、不思議とその仕事にやりがいを見い出し始めるはずです。今の若い人たちはどちらかというと好き嫌いで判断する人が多いように思います。

少し本題からずれましたが、どういう子どもに育てるかを職員全てが共通認識に立ち、今後とも実践していきたいと思います。


「ほめられる中で育った子はいつも感謝することを知ります」

「人に認めてもらえる中で育った子は自分を大事にします」

「はげましを受けて育った子は自信をもちます」


（加藤諦三著「アメリカインディアンの教え」より）

卒園生の訪問

（平成二十三年六月十六日）


五月の中旬に、北光学園を巣立った子の三人が相次いで来訪しました。

巣立った年は二年前、三年前、五年前と異なりますが、それぞれの「今」を知ることとなりました。

二年前に高校を卒業したN子は、地元のI市に戻り、介護施設のグループホームで働いていましたが、二年間勤めた後、同じ市にある老健施設に移りました。前の職場は給料は良かったが、休みも少なく、休日も呼び出され、十八人を九人で介護することなどから職員が定着しないこと、さらに経営者と合わなかったので辞めたという。その後、職場に残っている人たちのことを思い、姉たちの後押しもあり、勤務条件の改善を関係機関に訴えたという。その結果、指導が入り改善したみたいだと淡々と話す姿は、施設にいた時とあまり変わっていないなと感じました。

N子は高校時代、周りの子との折り合いが悪くトラブルが絶えず、数度登校できない時がありました。そのたびに関係修復に向けて話し合うため高校に足を運びました。今回、三日間の休みを貰えたので来たということに対し、ある職員から「三日の休みというのは危険なニオイがする」と冗談を言われ、ムキになって否定していました。施設を退所してから二年余の間に遠距離にもかかわらず三回目の来訪に本人は、「学園生活は辛いと思ったけど、やはり懐かしい」「一人で暮らしてみて気がついたけど、学園には家族がたくさんいたし、食事など何もしなくても出てきて楽《らく》だった」とその理由を話してくれました。

三年前に、就職がなかなか決まらず、卒業式を控えた二月にようやく知り合いのお菓子屋さんにお願いしたD男は、和菓子職人の修行をして三年経ったにもかかわらず、突然、ブレイクダンスをやりたいということで仕事を辞めた、と施設に現れました。辞めることを社長に告げたら「もう北光学園の子はとらない」と言われたそうです。「そりゃそうだろう。頼んで仕事につけさせてもらったのだからな」と、言ったところで元に戻せるわけではありません。「そういうことは辞める前に相談するのが筋だろう」と側にいた職員の声。

器用で三年余もいたのだからもう少しで立派な職人になれるのに、もったいないと思いながら、一度やりたいことに挑戦してみないと解らないのだろうし、自分の意思で決めたことなのだから新たな気持ちで夢を叶えてほしいと思わずにはいられません。

そして、五年前に温泉ホテルに就職したY男は、突然ホテルの寮から失踪しました。支配人さんはじめ、本当に良くしてくれたにもかかわらず、突然の失踪はホテルの方々も我々もD男の行動が不可解でした。ホテル側は何らかの事故に巻き込まれた可能性もあるとして警察に届け出ました。当時の担当の男子職員も彼の携帯に電話するも出ず、しかし、携帯の着信音があるというので命には別状はないかなと少し安心していました。

それから約一ケ月後、D男から担当職員の携帯に電話がありました。「今、愛知県にいる」とのこと、それから少しして再び電話があり、札幌にいるが、お金がなくて親元に帰れない、ということで担当者はお金を工面してあげたようです。

その後、ホテルの寮から荷物を引き取って預かっていた関係で施設に姿を見せました。「とにかく無事で良かった」と開口一番。なぜ失踪したかという疑問には「職場では先輩となり、仕事の上で後輩に追い越される」という焦躁感からそういう行動をとったといいます。今の状態よりは仕事をしていた方がまだ楽《らく》だとも語っていました。仕事はする気があるというので、今後相談に乗るということを約束しました。

高校を卒業して就職した子たちの定着数は十九年度卒で九名中五名、二十年度卒で三名中〇名、二十一年度卒は四名中四名、二十二年度卒は五名中五名となっています。

社会で揉まれながら成長はしていくと思いますが、どういう大人になってほしいかという、私たちの願いもあります。まずは健康第一で「心身ともタフであってほしい」。良好な人間関係を築くためにも「周りの人たちに好かれる人になってほしい」ということです。もちろん生きていくために大切な社会性（たくましく生きていく力）、人間性（思いやりの心）、人格（社会的規範を守る心）の形成は基本となります。

人間、自分一人の力では生きていけません。多くの人に支えられて生きているわけですが、迷いながらも悩みながらも自分の人生をしっかり歩んでほしいと願っています。

東日本大震災から学ぶ

（平成二十三年八月十二日）

世界一の快挙。

サッカーの女子W杯で日本は世界の頂点に立ちました。政治経済の危機的状況や東日本大震災、福島原発など重苦しい空気の中での勇気づけられる明るいニュースでした。勝った要因は監督の選手掌握や采配、ショートパスの正確さや走り守るひたむきさなどいろいろと語られていますが、「苦しい時は被災者の方々のことを思って頑張ろう」、「今勝たなければいつ勝つ」などあきらめない強い精神力が大きかったように思います。

東日本大震災から早、五ヶ月が経とうとしています。まだまだ平穏な生活に戻るには時間がかかります。

かつてリアス式海岸の美しい景観を見せていた東北の港町は大津波に町ごとさらわれ、跡形もなくなってしまいました。

ここ百年の間に世界で起きた地震の四番目に相当する超巨大地震だといいます。この地震・津波、原発によって多くの被災者が生まれました。両親を失った子も一八〇人に上るといいます。多くの尊い命が奪われ人生を変えてしまいました。当事者の心痛を思うと居たたまれない気持ちになりますが、様々に伝えられる情報の中に感動的で胸を打つようなエピソードや献身的な救援の報道もありました。一部ですが、まとめてみました。

その一　老夫婦が二階に避難していると、屋根の上で流されてきた母親と二人の子どもが助けを求めていました。ご主人は水に入り三人を助けるのですが、力尽きて亡くなってしまいます。驚くのは、夫を亡くした老夫人が、助けた三人と会い、「夫は人のために尽くす人でした。あなたたちはこうして生きていてくれてうれしい」と言ったことです。

その二　南三陸町の役場で防災無線を担当していた遠藤美希さんという二十五歳の女性は、津波がドーンと役場にぶつかる瞬間まで「退避してください、退避してください」と告げながら我が身は波にさらわれ散ってしまいました。昨夏結婚し、秋には披露宴を行うため花嫁衣装なども整えていたそうです。

その三　壊滅的な被害を受けた大槌町でも住民の避難誘導中に半鐘を打ち続け、あるいは水門を閉めに向かった消防隊員ら十一人が犠牲になりました。

その四　救難に出勤した十万余の自衛隊員は腰まで泥水に浸かって黙々と避難者を救い出し、食事は乾パンと缶詰、風呂もなかなか入れず、寒風に野宿という過酷な状況下で活動したといいます。

その五　約二万人の米軍人が参加した「トモダチ作戦」も、水浸しになっていた仙台空港などに強襲揚陸艦エセックスを派遣してたちまち復旧し、その威力を発揮しました。

その六　津波から車で逃げようとしていたご夫婦の前に三名のおばあさん達が「助けて」と言って現れました。三名乗せると定員オーバーになると気づいた同乗の奥さんが、「私が降りる」と言って三名を乗せました。車の後ろの荷台が空いていたので、「そこに乗れる」と夫に言われましたが、彼女は「定員オーバーになるから」と言って走って逃げて、津波に呑まれたそうです。

私共の施設から自衛隊に入った子がいます。彼も被災地に赴き、約二ヶ月間遺体の収容等の活動に従事してきたとのことです。言葉には表せないほどの惨状だったと言います。

以前、ロンドンでタクシーに乗った時のイラク人ドライバーは、イラン・イラク戦争で七年間戦う中で、家族や友人を失い、ロンドンに脱出して来たといいます。日本がイラクの荒れた町を整備してくれたことや日本が第二次世界大戦後焼け野原からめざましい復興を成し遂げ成長してきたことを賞賛し、日本人はどこの国の人より素晴らしいと熱い口調で語ってくれました。

こうしたこととは裏腹に、小手先に終始して迷走している政府や、多くの国民の意思に背を向けたように、この期に及んでもなお政争に狂奔する政治家たち。傲慢で人情のかけらさえもない態度に憤りを通り越して情けない思いがします。国や国民のために命を賭すのが本物の政治家とするならば七二二人いる国会議員の中に本物の政治家は果たして何人いるのでしょうか。被災地でボランティアをした政治家は何人いるのでしょうか。

東日本大震災から見えてきたこと、考えさせられたことがたくさんありますが、早急な復旧・復興をめざすために今必要とされているのは日本人の結束ではないかと思います。

指導の根幹として

（平成二十三年十月十七日）

北光学園には現在、六〇名定員に対し六一名の子どもたちが生活しています。その中の一名は一時保護委託の子です。

全ての子が道内にある児童相談所を通じて入ってきます。オホーツク管内の子が七〇%、残りの三〇%は他管内から来ています。

入ってきている子の中に、虐待を受けていた子の割合が六三・六%、発達障がいと診断されている子が疑いも含めて三九%となっています。また、措置変更といって里親さんや他の児童福祉施設で不適応を起こしたなどの理由で入ってきた子が七名います。

私たちの使命は、様々な家庭や本人の事情で入ってくる子どもたちを、社会的に自立できるよう養育し、支援していくことです。しかし、不規則な勤務時間や子どもたちの指導の困難などの理由から職員の確保は年々難しくなっています。また、指導にあたっている職員十九名中十二名が二〇歳代です。それ故、指導力を補うためにもホームの職員体制や指導上の工夫が必要となります。

その一つに、基本的な生活習慣やルール、約束事を標準化していることです。職員一人一人の感性や価値観、年齢、育った環境等が異なりますから、それぞれがバラバラの指導をしていては、子どもたちがどの職員の言っていることが正しいのか解らなくなり混乱します。その結果、挨拶やマナーをはじめ、言葉遣い、身の回りの整理整頓、食事作法、入浴作法、時間を守る、決まりを守るなど社会生活に必要なことがきちんと身につかず、定着しません。

当たり前のことですが、職員間で議論し、決めたことは足並みを揃えて実践する、これが指導の一致であり、指導の一貫性となります。これを怠ると規律が乱れ、秩序が保てなくなります。

当たり前のことを当たり前に行っていくこと、これが標準化の取り組みです。

二つめは、情報の共有化です。

この情報の共有化は、子どもに関する必要な情報は開示し、全ての職員が共有することにあります。これは、子どもたちの表情や行動など小さな変化を見逃さず子どもを守るために必要だからです。一部の職員だけが知っていて、後《あと》で大事に至ることがあります。

また、必要とする情報の共有は、職場の良いコミュニケーションとなり、職場の活性化にも不可欠な要素となります。

三つ目は、職員の研修を日常化することです。

研修会や研修講座から学ぶ割合は一〇%といわれています。上司やお客様から得ることは二〇%、他の七〇%は仕事の経験を通して学んでいくといわれています。そこでは同僚の教えはとても重要となります。

確かに研修やセミナー、専門書等から得るものはないわけではありませんが、ふだんの実践を通しての学びは、他よりもはるかに大きいようです。

「学ぶとは何かが変わることである」。宮城教育大学の学長を務めた林学長の言葉です。人間性や組織性を磨き、技術を習得し、同じ失敗や過ちを繰り返さないことが学習です。

いずれにしても前提となるのは本人の前向きな姿勢や反省する心がけであり、それが自己を飛躍させていく上で大切です。意欲なくして向上なし。反省なくして進歩なしということでしょうか。

仕事の基本

（平成二十三年十二月十二日）


来春、卒業する高校生は七人。高校生就職内定率約十八%、大学生約六〇%と報道されている状況下で五人の高校生が内定をいただきました。まだ高等養護学校の二人が未定となっていますが、よく頑張ったという思いと共に安堵しています。

今年度、「ビジネスマナー」、「メンタルヘルスとコミュニケーション」をテーマに講師を招き、二回にわたって職場内研修会を実施しました。

接遇マナーやコーチング、アサーティブネスなど、社会人、福祉人としての基本を学ぶことは大切なことです。

このセミナーを受講した職員は、尊敬語、謙譲語など言葉遣いが難しいという人が多かったようです。

さて、ビジネスマナーとは、様々な価値観やいろいろな考えをもった人が相手の立場、気持ちに立った言動をすることで、良い人間関係を築くことです。ビジネスマナーが身についている人は、人間関係や仕事でも「厚い信頼」を得ることができます。

マナーは、心を形で伝えること、相手に対する敬意、親切心、思いやりであり、挨拶や身だしなみ、言葉遣い、電話の応対など形となって表れます。

挨拶一つとっても、これは仕事の基本であり、仕事そのものに含まれています。明るい調子の挨拶は互いに気持ちの良いものとなります。

先に開催した比較的経験の浅い職員の研修会でのことです。数人の施設長が研修会場にいましたが、挨拶をしないで入ってきた職員は三十人中十人もいました。翌朝もほぼ同様でした。子どもたちに教えなければならない立場にある職員がこれではきちんと指導できるのか心配です。

身だしなみについても同じことがいえます。人間は「見た目」五十五%、「口調」三十八％、「内容」が七％と言われています。服装、髪型、表情等がいかに大事かということです。先の研修会においても首を傾げたくなるような服装の人たちもおりました。私の若い時、ラフな格好で研修会に出席したところ他の受講者も含めて講師に怒られた経験があり、それ以後は時と場所と場面、いわゆるＴＰＯに気をつけてきました。

また、メンタルヘルスでは、不調の原因が「職場の人間関係」四十六・二％、「職場外個人的な問題」、「仕事の不適応」がいずれも三九・一％と上位を占めています。メンタルヘルスが不調になると思考力は七〇～八〇％低下するということです。

メンタル不調に陥りやすい人は真面目で几帳面、遊びの部分が少ない人、完璧主義が強い、人以上に責任感の強い人、周囲に常に気配りをする人や協調性が高い人と言われています。これらは決して悪いことではありませんが、強く働くと不調に陥りやすいということです。

逆にメンタルの強い人は、マイペース、人目を気にしない、感情表現ができる、切り替えが早い人と言われています。

さらに、コミュニケーションにおいては、主役は聴き手であること、「話すこと」より「聞くこと」が大切だと言うことです。

よく「聞く」人と、いいかげんに「聞く」人との差は、あきれるほど、どんどん開いていくものなんだ。人っていうのは、「聞く」人に向かって話すからね。こいつは「聞く」な、と思えば、その人のために、どんなことでも話すようになる。そういうものなんだ。
聞くことがなによりの仕事だ。だれでもできるのに、できている人は少ない仕事だ、見ることは愛情だと、かつてぼくは言ったけれど、聞くことは敬いだ。聞かれるだけで、相手はこころを開いていく。聞いているものがいるだけで、相手はうれしいものだ。それは、ずいぶん大きな仕事だと思わないか。

（糸井重里「ほぼ日刊ナイト新聞ダーリンコラム」より）

仕事の基本として最後にもう一つ、徳島県立中央病院塩谷院長の「要らない医師八か条」というのがあります。

一、人間として基本的マナーがない
二、規則・時間が守れない
三、協調性がない
四、患者に対して誠実でない
五、技術・知識の向上に意欲がない
六、総体的に患者を診れない
七、反省心がなく謙虚でない
八、医療保険制度を理解していない

「患者」を「子ども」に、「医療保険制度」を「社会福祉制度」に置き換えると私たちにも十分あてはまります。

高校を卒業する子どもたちが、社会で立派に役立つ人間になってもらうためにも卒業までの残された期間、仕事の基本をしっかり身につけていってほしいと願っています。

複雑な心境

（平成二十四年一月二十四日）

去年今年《こぞことし》　闇をつらぬく　棒のよう（作者不祥）

昨年の地震・津波、原発事故はあらゆる面に計り知れない影響を及ぼしています。被災して、避難生活をしている人は三十三万人余り、両親を亡くした遺児は二四〇人、父か母を亡くした子は一三二七人と言われています。両親を亡くし、妻と子二人は行方不明という男性は、「一ヶ月も二ヶ月も、八ヶ月も九ヶ月も変わらない。がれきは片付いてもおれの心は何も片付かない」とテレビカメラに向かって話していましたが、とても身につまされる思いがしました。

さて、新年を迎えましたが、心境はとても複雑です。いろいろなことを考えさせられました。これまでの来し方を振り返り、これからの人生や生活についても今まで以上に考えることが多くなりました。大震災の影響でしょうか。歳のせいでしょうか。

特に若い時に気づかなかったことに気づく。見えていなかったことが見える。歳とともに強く感じるようになってきました。

紅葉の時期には、深く心に留めなかった周りの景色に、「きれい」「美しい」と素直に思えるようになってきています。十月の中旬、釧北峠を車で通りました。紅、黄、橙などの自然が作り出した色の取り合わせに、思わず感嘆しながらわずかの時間を楽しむことができました。

春の芽立ち、夏の深緑、秋の紅葉、冬の降雪、四季折々の風情と空気をしみじみと味わっています。

これは花についても同じで、正直なところ今までは花にはあまり関心はありませんでした。それが、今では立ち止まってしばし見とれる自分がいます。

これらのことは、感性が豊かになったのではなく、周りの事象に関心を持つようになったということかもしれません。

食べ物に関しては、若い時はお腹を満たすことに心が行き、味わって食べると言うことがあまりなかったようです。今は何を食べてもおいしく、一つ一つ味わうことができるようになっています。配偶者の調理の腕が上がったわけではありません。嗜好も変化しています。以前は魚の生ものをあまり食べなかったのですが今は好物となり、麺類も同様です。

また、最近では映画やテレビドラマを見ながら、涙もろくなっている自分に気づきます。腹を立てることも、人を憎むことも以前からみると少なくなっています。心に余裕が出てきたわけではないのですが、良く言えば角がとれてきたのでしょうか。それとも怒るだけのエネルギーが無くなってきたということでしょうか。

さらに、歳を重ねながら思うのは時の経つのが早い、ということです。時を刻むのは変わらないわけですから、これは感じ方の違いです。

子どもの頃はそれほど時が経つのが早いと感じていたわけではありません。ところが年々、時間の過ぎるのが早く感じます。この違いは何でしょうか。子どもは一年を三六五日の長さと感じますが、五〇歳の人は三六五日から五〇を引いた三一五日の長さに感じ、六五歳の人は六五を引いた三〇〇日の長さになるというのを何かで目にし、なるほどと感心したところです。

ところでなぜそうなるのかということですが、よく解りません。おそらく子どもは、楽しいことが先にあるとしたら、時が来るのを待ち遠しくて長く感じ、大人はある程度、計算と心のコントロールができるからと言うのは穿った見方でしょうか。

もう一つ言えば、重大な問題も冷静に聞くことができるようになったことです。いざという時に物事に動じないかと言われれば嘘になりますが、平常心を失うことは少なくなったように思います。これは経験の積み重ねによるところが大きいと思っています。

こんなことを配偶者に見透かされると、この先あまり永くないんでないの?と言われそうなのでこの辺で終わります。

愛情と信頼

（平成二十四年六月十三日）

何かおかしい。政治、経済などの劣化のことではありません。天候不順のことです。ここオホーツクの地では例年より十日ほど桜の開花が早く、異変を感じていたところ、その後に雪が降るなど天候に振り回されました。低温のため我が家の小さな菜園に種子も苗も植えられず、ストレス解消と思って始めている野菜育ても、やきもきして、かえってストレスを溜めこむことに。

毎年五月に、小学校、中学校の協力を得て、「三学懇談会」を開催しています。生活のかなりの時間を学校で生活していますから、施設の理解と連携を目的に多忙の中、時間を割いていただいています。理解し合えることで信頼感が増しますが、誤解や偏見からは不信感しか生じません。日頃から互いに行き来しながら情報の交換を行っていますが、一同に会しての懇談会も理解と連携に貴重な機会となっています。

さて、養育にあたって何が大事か改めて考えてみたいと思います。

養育の原点は愛情と信頼です。愛情は甘やかす愛情ではありません。叱る、待つ、耐える、喜ぶ、悲しむ、いたわる、突きはなすなど子どもが健全に育つためには只、叱ったり甘やかすだけでは丈夫に育ちません。子どもには心身ともタフで周囲の人たちに好かれる人になってもらいたいと思っています。

亡くなった作家の三浦綾子さんは、「教育とは愛を教えること」と言っています。まず職員が「愛情たっぷり」に接することにより、子どもは元気でいられます。子どもを大切にするということは、この「愛する」ことが前提になります。優しさからは子どもを思いやる心が生まれます。憎しみからは怒りが発せられます。根底に子どもを愛する心があれば、それはきっと子どもに伝わり、堅い絆と信頼が築かれます。

「愛」の直訳は「受け入れ」だと言います。子どもを受け入れるということです。私共の施設のように一人の職員が十人前後の子どもを担当している場合は、「どの子も公平に愛する」が基本となります。自分では気づかないうちに特定の子に偏ったり、えこひいきしてしまいがちです。家族と離れての生活を余儀なくされている子どもに対して、この子が自分の子だったら、自分の弟、妹だったらという思いで誠実に向きあうことです。職員がいい加減か、粗末にしているかどうかは子どもが敏感に見抜きます。

次に信頼についてです。

信頼関係を築くのは容易ではありません。一朝一夕で築けることでもありません。信頼関係を築いたとしてもある日、ある時、ちょっとしたきっかけで、もろくも崩れることがあります。強固な信頼関係を築く上で最も大切なことは誉めて伸ばすことです。認め、誉められて悪い感情を抱く子はいません。それどころか職員に信頼を寄せます。厳しく叱って思いっきり誉めること、子どもの話をじっくり聞き気持ちを理解すること、やるべきことはきちんとさせるという心構えをもたせることなど真の優しさ（子どもの気持ちが解る）と厳しさ（繰り返し繰り返しのしつけ）で接することです。積極的に子どもに注意関心を向けてあげることです。

北光学園の方針の一つに「目配り、気配り、思いやり」があります。小さな変化やシグナルを見逃さないためにも職員は子どもたちの観察を怠らないこと、子どもに対して細かい配慮ができること、そして、あたたかい心で子どもを見守ることなど、自らの実践が子どもたちに伝わります。私たちには、基本的生活習慣をはじめとしたしつけと、どう生きるべきかという生き方を伝授するという大きな使命があります。

よく子育ては農作物の育て方に例えられます。養育と農作物では対象も土壌も違いますが、「丁寧に謙虚に育てる」という点では共通しています。手抜きしては上手く育たないからです。当然手間暇がかかります。農作物の場合は天候に左右されますが、それでも種を蒔く時期、水加減、草取り、追肥、収穫など適時性ということが重要です。野菜育てはなかなか難しく自分の中では未だ満足できない状態が続いています。子育てにおいてもしつけの適時性を怠ると引き返すことができません。基本的生活技術や生き方は責任をもって伝授していかなければなりません。

子どもにとって最大の環境は側にいる職員であること、職員の成長は子どもの成長に直結します。子どもの養育においては、愛情と信頼は重要なキーワードとなります。

小島さんと永澤さん

（平成二十四年八月十日）

小島勝弘さん七十七歳、北海道で唯一の食材を乾燥する「浦幌フリーズドライ株式会社」の創業者です。

樺太で生まれ、満州に渡り、戦後、福島県の相馬市に。三年後、親に連れられ十勝管内の当時浦幌村に落ち着く。本別農協勤務、その後父親がやっていた木材関係の仕事に従事。父の死後三十七歳で建設業を興す。

四十七歳の時、ＮＨＫテレビの「明るい農村」という番組で紹介された東京のフリーズドライの工場を見て興味が湧き、一年間技術習得のため東京に通う。さらに翌年三人の従業員を派遣し、技術を学ばせ昭和五十八年に「浦幌フリーズドライ株式会社」を創業。四十九歳の時でした。その後会社は浮き沈みはありましたが、現在、従業員五十人、年商六億円～七億円。一昨年工場を建て替え規模を拡大しました。主力商品は鮭のふりかけやお茶漬け。七草かゆの乾燥は日本で唯一の製造です。そのほかにコーンや野沢菜、ほうれん草などの乾燥も受注しています。現在、娘さん夫婦に経営を譲っています。

小島さんとの出会いは、平成十三年八月から九月にかけて、北海道新聞「こころの世紀に」第3部で六回連載で北光学園が紹介され、それを読んだことがきっかけで来訪されたのが始まりです。それから十年以上になりますが、行事に参加していただいたり、子どもたちにお菓子やお寿司、ラーメンなど、ご馳走していただいたり、高校を卒業する子、卒業した子たちへの支援をしていただいています。

子どもの頃、近所でも特に貧しい家庭で育ったそうで、部屋と部屋のしきりは筵《むしろ》をさげていたとのこと。昔気質な一面もありますが、誠実で謙虚さは今でも失っていません。

永澤則次さん六十三歳。美幌町でオホーックの魚介類の卸、販売を中心に事業を展開しています。

羅臼町に水産加工場、美幌町に「青空市場」、最近、町内に食事処「海鮮じょっぱり」を開業し、オープン初日に演歌歌手のジェロの歌謡ショーを行いました。また、美幌峠に「道の駅美幌峠物産館」を経営しています。永澤さんの工場で生産した「いくらの醤油漬け」は、お年玉年賀はがきの景品として採用されたこともあり、現在は「ふるさと小包」のカタログに掲載されています。年商のことをお聞きしましたら七億~八億円ということです。

永澤さんは青森県の鶴田町の出身で、美幌町で（株）ながさわを経営していたお兄さんの会社に入り、二十三歳で経営を任され、事業を拡大してきました。北光学園を知ったのは人づてだそうです。幼少時代にお腹をすかし、コロッケが食べたくて食べたくて母親におねだりしていたことが思い出され、北光学園の子どもたちに食べさせてあげたいと毎月送っていただいています。送っていただいてから十年以上になります。また、鮭やカレイ、ほっけ、さばなどの魚のおいしい加工品、そして毎年多額の寄附金もいただいています。

さらに、毎年9月には「秋風コンサート」を美幌峠のレストハウスで開催し、娘さんお二人を中心としたマリンバ演奏会に招待されています。雄大で荘厳な屈斜路湖のパノラマを眺望でき、北光学園の子どもたちはこの日も楽しみの一つとなっています。

永澤さんには何度かお会いしていますが、人間的に懐が深くスケールが大きいというのが一番の印象です。また、強靱な意志の強さも感じられます。

お二人とも、ここに至るまで決して順風満帆ではなかったと思います。小島さん、永澤さんが成功した鍵は何だろうと考えてみますと、着想や商才に長けていることはもちろんですが、何よりも根気よく恐ろしいまでの情熱で努力したからだと思っています。さらに、お二人に共通するのは誠実で謙虚であること、家庭環境に恵まれない子どもたちへの熱い思い、従業員への労り、人生で出会った人たちを大切にしていることなどが挙げられます。これまでの苦難の歩みが人間的な魅力になっています。お二人には今後も益々ご壮健にて少しでも長いおつきあいができることを願っています。

北光学園も地域の方々はじめ多くの方々に支えられ、今年七月十六日、六十年を迎えました。還暦です。先日、創立日に合わせて園内でお祝いを行い、開設当時のようすやエピソードを湯浅正邦理事長、米内山副園長から話していただきました。その一つに、子どもたちに、学校からの帰り道必ず薪となる木を拾ってくることが義務づけられていたとのこと。風呂を沸かす燃料として使うためです。今ではとうてい考えられないことです。先達の苦労と努力があって今の北光学園があることを忘れてはいけないと、改めて胸に刻んでいます。

話を聞く

（平成二十四年十一月十四日）


今年も残すところ一ヶ月余りとなりました。東日本大震災からは、一年八ヶ月が経ちましたが、未だ多くの人たちが悲しみを抱え、不便を強いられている生活を思うとやりきれない気持ちがこみ上げてきます。

「人間は経験主義であり、自分が体験したことしか理解できない」と言われます。つまり、震災に遭遇した人でなければその苦しみ、悲しみが分からないということです。それでもできるだけ理解し、共有できるよう努めたいと思っています。

北光学園は今年、開設六十年を迎えました。全ての財産をなげうって、この生田原の地に児童養護施設を開設した創立者湯浅文治の志を、歴代の施設長、職員が受け継いできましたが、これまでの施設運営の苦労は想像をはるかに超えていたと思います。

福祉の「福」とはお金や物に困らない物質的豊かさを、「祉」は主に心の豊かさを表します。果たして今、初期の目的をどれほど達成できているのか自問自答の毎日です。この間《かん》、振り返ると、職員の不祥事もありました。組織である以上、個人の問題として片付けるわけには参りません。個人の性格や資質の問題として矮小化できないと思っています。常々、「一人の職員の評価が施設の評価になる」と職員に話してきましたが、昨今の人材確保の困難さも加わり、「育てる」といっても限界を感じています。

一方で、指導困難な子の入所増加があります。子どもの問題行動や違反行為も目立ちました。その中には指導の枠に納まらない子もいます。発達障がいや行為障がい、精神疾患を抱えた子たちが増えている中で、若い職員が多い現場は深刻であり、職員の負担も相当なものとなっています。指導職員の定員増は急務の課題ですが、抜本的な改善とはなりません。道外の六〇名定員のある児童養護施設では、一年の間に十人の職員が離職した、という話を聞くと、とても他人事とは思えません。それでも本園の熱意のある職員たちが使命感や思いをもって一人一人の子どもの成長や発達に力を尽くしている姿に感謝しています。

ある調査によると、児童養護施設を退所した人たちに、施設生活の中で何が一番良かったかという問いに、「話を聞いてくれたこと」が最も多かったとのことです。このことから子どもは話を真剣に聞いてほしい、自分の気持ちを分かってほしいということを望んでいます。さらに付け加えると、自分の気持ちが分かってくれる人に好意を寄せるということを示しています。

全国の児童養護施設で問題化している性的問題についても、それを起こす子に共通しているのは精神的空虚さです。それを埋めるために我慢もとまどいもなく、プレー感覚で身近にいる人と関係を持ったり、逸脱行為に走ってしまいます。精神的空虚を埋めていくのも私たちの務めでもあります。

よく、問題を起こす子の中には、自分は一人ぼっちで寂しいという孤独感や自分はこの世に生まれてこなければよかったという深い哀しみをもっています。また、少年院に入っている少年や少女の非行の原因は、百パーセントが「幼少期の親の甘やかしが原因」と言われています。人間は生まれた時から自分の思い通りになることを望んでいます。思い通りにならないと駄々をこねたり、面白くない感情が芽生えます。それ故、人間が喜怒哀楽の感情が出来上がる三歳までに、やっていいことと悪いことをしっかり教える必要があります。

作家の曽我綾子さんは、「教育は強制からしか始まらない、小学生に上がる時に就学の意味を理解して自発的に学校に行く子はいない。躾も最初は強制から始まる。ボランティア活動なども強制的にやっていく中で初めて自発的に物事を考える、選択することを覚える」と述べています。子どもの自主性、自発性が育てば手は掛からなくなり、指導性は減少していきます。

施設にいる子の特徴の一つに、自己肯定感の低さがあります。いかに自信を持たせ、自分は生きている価値がある、自分を大切にする、他者にも配慮できる子に育てていきたいものです。それには子どもの話に耳を傾け共に生きていこうとする大人からの働きかけが大切です。日常的に関わっている職員の役割は大きいと思います。

本当の養育というのは、躾や知識、生活技術を教えるにとどまらず、職員その人自身を教えることにあります。

同じ過ちは繰り返させない

（平成二十五年一月十五日）


新年明けましておめでとうございます。昨年は多くの方々からご支援を賜り、心より感謝申し上げます。

新年を迎えました。昨年はオリンピックはじめスポーツから多くの感動をもらいました。反面、政治や経済、教育の混乱から東日本大震災からの復興の遅れ、暮らしの不安など課題は山積しています。高齢者が安心して老後を過ごせ、若者が夢と誇りをもてるような社会をぜひ望みたいと思います。総選挙により自公政権の復活となりました。今後の日本再生、暮らしの安心を期待したいと思います。因みに私の新年の課題は、家庭内権力の回復です。

私の子どもの頃のお正月といえば、貧しいながらも華やいで、お正月を迎える高揚感がありました。そこには新しい衣類や正月料理、臼を使っての餅つき、障子の張り替え、飾り付けなどお正月は大きな節目であり特別な日でした。今はその境目が感じられませんが、新年にあたっての決意だけは新たにしています。

さて、これまで数々の子どものトラブルや問題行動に付き合ってきました。悩まされたことも度々ありました。しかし、問題行動は子どもにとって、成長へのステップとなると肯定的に捉え、関わってきました。

昨年十月のことですが、ある女子高校生が施設では禁じられている携帯を友達に借り、音楽を聴いたり、男友達にメールしたり、アプリの「斎藤さん」に接続するなどの違反行為がありました。彼女はスポーツ部に所属し新人戦を控えていました。部活動の顧問からは何とか試合に出させてほしい、という要請がありました。レギュラーである彼女が抜けることで戦力の低下は避けられませんし、部員の戦意にも影響します。以前、中学校の野球部を指導してきた私としては部活動の顧問の気持ちはよく解ります。学園の彼女の担当職員は、できれば参加させてあげたいが彼女の今後のことを考えると、ここで安易に妥協すれば、また同じ事が繰り返されるので今回は参加させない方が良いのではということでした。一度ならばともかく何度も指導され変わらないのであればやむを得ないということで私も同意したところです。

同じ過ちは繰り返させないということが、彼女にとって必要ですし、大事だと判断したからです。部活動の顧問や部員には本当に申し訳ないと思いつつ、一人の人間を正しく導くためにはこの方法を取らざるを得ませんでした。部活動の顧問も最終的に私共の考えに理解をしてくれました。

その後の指導において、彼女も部活動の先生と部員に迷惑をかけたこと、新人戦に出られず悔しかったこと、同時に周囲の人たちの気持ちを考えられるようになったことなど、今回のできごとで一回り成長できたように思います。

子どもたちは深く考えず様々な問題を起こしがちです。問題は起こしたあとの解決の仕方が最も大切です。根本に迫る働きかけにより心を変えていくことが大事です。

亡くなったソニーの井深大さんは、「もちろん学校の勉強は大事だし、知識を深めて上の学校に進むのも大事だけれど、もっともっと大事なのは、心の大きな人間になってほしいということです。心の小さな人間は、自分のことしか頭にありません。心の大きい人間は、相手のことを考えてあげられます」と語っていた言葉が思い出されます。

彼女は周囲の人たちのことを考えず、自分本位の行為をしましたが、この出来事により、周りにいる人たちのことを真剣に考えられるようになったことが収穫です。

子どもたちの携帯所持については、本園では今までも持たせていませんし、これからも持たせる考えはもっていません。携帯やスマートフォンをめぐっては、出会い系サイトや多額の料金請求など様々なトラブルや事故が発生しています。連絡用としてはまだ、公衆電話もありますし、学校の電話も借用できるからです。何よりも問題が起きたときに、子ども自身は責任が取れないからです。

昨年は大津市のいじめ問題が大きな注目を集めました。いじめと自殺の因果関係を明らかにするため警察が学校と教育委員会に家宅捜査に入り、加害と思われる生徒の事情聴取も行いました。全国的にその後もいじめは止まりません。

中学時代、いじめを受けて自殺を図り、暴力団の世界に足を踏み入れ、後に大阪で弁護士になった大平光代さんは、「人間性を否定された記憶は、決して過去にはなりません」と分かってもらえない絶望感を語っています。

一朝一夕で心を育てることはできませんが、先の事例のように一つ一つの積み重ねが心を育てていきます。「本気で変わりたい」と文に気持ちを表す子がいます。人間は変わろうとしても容易に変われませんが、変わろうとしなければ変わりません。「変わりたい」、「変わろうとする自分を見ていてほしい」、その気持ちを大事に受け止めながら今年も子どもたちと一緒に歩んでいきたいと思います。

夢の応援席

（平成二十五年四月十五日）

母校である遠軽高校が21世紀枠で初の甲子園出場を果たしました。元気なうちに甲子園出場を願っていましたが、こんなに早く実現するとは正直なところ思ってもいませんでした。遠軽高校野球部が甲子園に出場したら必ず応援に行こうと密かに心に決めていましたが、いざとなったら、仕事のことや妻の目も気にしながら応援に駆けつけることに少し迷いがありました。

しかし、今後、遠軽高校が実力で甲子園に出るには、かなりの力の開きがないと難しいと思い、体調も良くない状態が続いていましたが行ける時に行こうと決め、応援ツアーに申し込みました。園の高校生八名も応援団に加わることができました。

まず、球場に着いて驚いたのが応援の人数でした。ざっと一五〇〇人くらいは全国各地から集まったのではないでしょうか。相手チームのアルプスタンドの応援団をかなり上回っていました。同級生はじめ知った顔もあちらこちらに。

試合は、多くの人がテレビで観戦してご存知かと思いますが、選手たちの表情はよく見えませんでしたが甲子園の雰囲気に呑まれた様子は見られず、のびのびと力を発揮したように思います。特に前田投手の制球の良さ、主将で三塁手の柳橋選手の好守など大一番での活躍は見事でした。勝敗を分けたのは、相手チームの三回表の攻撃で一死三塁の場面でした。強烈な三塁のライン際のゴロを柳橋選手が横っ飛びで好捕し、三塁ランナーをホームに帰さなかったプレーでした。五回まで〇対〇でしたので文字通り手に汗握る展開でした。佐藤監督はどんな思いでベンチにいたのでしょう。

佐藤監督には、これまでも北光学園の生徒たちが大変お世話になっており、お忙しい間を縫って北光学園の卒園式にご出席いただいたり、ある子どもが高校を卒業し退園する時に北光学園まで見送りに来ていただくなど、なかなかできないことをしていただいていただけに、今回は監督の応援もすることができ、つくづく良かったと思いました。佐藤監督には人生が変わる？ほどの出来事だったかも知れませんが、どうか今のままの監督でいてほしいと思っています。

中学校の野球指導を二十二年間やってきた私としては、どうしたら強いチームを作れるかを考え、負け試合はいつもああすればよかった、こうしたら流れは変わっていたかもなどと悔やむことしきりでした。監督の難しさはよく解ります。強いチームを作るには、監督の力量、選手の質、練習の質と量だと思います。実力的に甲子園にあと一歩までチーム力を高めた佐藤監督に敬意を表したいと思います。

試合後、ホテルでの祝勝会も勝ったことで大変盛り上がりました。負けても悔いなしですが、勝ったことにより旅の疲れも半減しました。

野球少年で過ごした私は、高校でも野球をやりたかったのですが、家計を考えると、親に「野球をさせてほしい」とはとても言えませんでした。人生の中で何が辛かったかと言えば高校で野球ができなかったことです。

それでも大学では部員が足りず駆り出され、先輩からユニフォームやスパイク、グローブを譲り受け、硬式野球をしましたが十分に満たされませんでした。高校で野球ができなかったことが心残りとなっていたからです。

試合には知り合いのお子さんも出ました。選手たちには、「勝って兜の緒を締めよ」ではありませんが、さらに地道に練習に励み、再び甲子園を目指してほしいと思います。甲子園の一回戦は瞬く間に終わった感があります。それでも大きな感動がありました。試合観戦中は夢の世界にいるような錯覚もありました。佐藤監督や選手たちに甲子園に連れて行ってもらったことに大変感謝しています。

甲子園は、高校球児には「憧れと夢の舞台」かもしれませんが、私には「夢の応援席」でした。

読書の楽しみ

（平成二十五年八月十日）


子どもたちの活字離れが言われてから久しい。

私もご多分にもれず、子ども時分は本好きではありませんでした。戸外で遊んだり、野球に熱中していました。大学に進んだ時も周りの学生の知識が豊富なことに圧倒され、無知を知らされましたが、それでも本に目を向けることはありませんでした。読書に目覚めたのは遅まきながら社会に出てからのことです。

読書は知識を身につけ、物の見方・考え方を養い、心を豊かにし、想像力を高めるなど多くの効用があります。

最近は読書の時間はめっきり減っています。時間がないというより目が疲れやすくなっているからです。それでも本を読んで新しい発見をした時は驚いたり感動したり、そして妙に納得したりしています。

数年前のことですが、ある雑誌の中に「塩はいのちの源　人体は小さな海」という小見出しの文章がありました。要約すると、

「真水だった太古の海に藻のような生命が発生し、陸にしがみついては枯れるということを

繰り返して、陸上の植物が生まれたということです。その植物が土となり、そのミネラル分が川を伝い、海に流れていった。つまり塩は、植物のエキス、ミネラルの結晶体ということになります。

そして、海水が〇・八八%の塩分濃度になったときに脊椎動物が海で誕生したのではないかと言われています。母親の羊水は、そのときのミネラルバランスがそのまま保たれているそうです。人間の血液やリンパ液といった体液も〇・八八%の濃度であり、私たちは『小さな海』を体内にもっているという」

これを読んだ時は驚きとともに非常に神秘的なものを感じました。

次はつわりの話です。

「妊娠後、お母さんのお腹の中で三十二日目は古代の魚の顔、三十四日目には両生類、三十六日目にはは虫類、四十日目くらいには段々人間の姿になってきます。つまり、えら呼吸から肺呼吸という、海から陸への変化を一挙にお母さんのお腹の中でするので、お母さんはつわりという経験をするという」

そういえば写真などで見る胎児の顔が最初から人間の顔ではないことに合点がいきます。

昨年の「北光だより」一月号に「歳をとるとなぜ時間が経つのが早いか」ということについて自説を述べました。それは子どもは、楽しいことが先にあるとしたら時が来るのが待ち遠しくて時の流れを遅く感じ、大人は世の中が解り、ある程度、計算と心のコントロールができるからというものでした。

この歳をとると時間が早く過ぎるというのは「ジャネーの法則」であるということを最近ある本の中で知りました。ジャネーは「主観的に記憶される年月の長さは年少者にはより長く、年長者にはより短く評価される」ことを心理学的に解明しましたが、「なぜそう感じるのか」のメカニズムは説明されていないそうです。

最後に、もう一つ。

安倍政権の経済政策は「アベノミクス」と呼ばれ、デフレ脱却を旗印に金融緩和、財政出動、民間投資を喚起する成長戦略の三本の矢と言われています。経済はなかなか理解しづらい分野ですが、今後の日本の経済を占う意味では政権の経済政策は非常に重要な意味を持っていると言えます。

この政策は、滑り出しは順調で、今のところ概ね支持を得ているようですが、一方で「危うい」、「副作用がある」と懸念されています。しかし、何が危ういのかを分かりやすく説明している人にお目にかかっていません。雇用安定や社会保障の充実を図ることが、お金を貯めずに使うようになるなどの指摘もありますが、今ひとつぴんときませんでした。そんな中で明治大学の飯田泰之教授が明快に説明している文に出会いました。

「経済政策は三つの柱からなっています。成長戦略・安定化政策・再分配政策です。成長戦略は成長政策に、金融財政政策は安定化政策に分類することができるでしょう。アベノミクスには三本柱のうち再分配政策がありません。そして、成長・安定化・再分配は鼎《かなえ》のようにひとつでも欠けると、持続することができないのです」

安倍政権は、再分配策として企業に賃上げを働きかけたり、設備投資減税を考えていますが、さらに具体的提案に注目していきたいものです。

話題は尽きないのですが、本園では毎週とはいきませんが小学生に読書タイムを設けて少しでも本に親しんでもらおうと取り組んでいます。学校においても読書を推進しようと工夫しているようです。読書は間接体験を広げるのに大いに役に立っていますし、読書好きに心優しい子が多いように思います。本を読むきっかけは私たち大人がつくっていきたいものです。

就職したら競争社会

（平成二十五年十月十六日）

今、高校三年生は就職活動真っ最中です。

来春、高校を卒業する子は高等養護学校二名、普通科五名です。九月から就職活動が始まっていますが、十月五日現在、正式に内定をいただいている子は一名です。これからの奮闘に期待しています。

雇用状況が安定しない中で、子どもたちはこれまでも何とか就職に結びつけてきていますが、今年も大丈夫だという保証はありません。もちろん就職できたからといって安心はできません。待っているのは競争社会、序列社会ですから傷ついたり、自信を失い簡単に挫折してしまうこともあります。

こうした社会の厳しさを乗り越えていくためには過度の競争は別としてある程度小さい頃からその環境に慣れていく必要があります。

精神科医の香山リカさんが、新聞のコラムに次のようなことを書いていました。

保険会社で働く若者から聞いた話として、入社して一ヶ月後に新入社員が全員、会議室に集められた。そうしたら営業成績で席順が決まっていたということでした。小学校の通知票は5段階評価ではなく、先生のコメントが書かれているだけ。運動会も勝ち負けは競わない。中学や高校も個性尊重教育で偏差値などをうるさく言われることはない。競争なくして個性尊重という教育を受け、やさしい親や教師に囲まれて育った若者たちはどうやって適応していけばよいのか、と疑問を呈していました。

また、サッカーの日本代表の監督を務めた岡田武史さんも同様のことを述べています。

「機会は平等でなければならないけれど、しかし能力は平等ではない。遅いからダメだということではなく、遅い子も速い子も、子どもにはいろいろな個性がある。それを見つけていくことが学校だ。

子ども時代に競争がなくても、実際に大人の社会に入ると競争はあります。きれいごとではすまされません。厳しさを教えるのも教育だと思います。」と語っています。

英語では、教育は能力を引き出すという意味もあります。吉田松陰は、門下生に対して、おまえはこいつと違ってこういう点が優れている。そこを生かせばきっと道が拓ける、というように、一人ひとりの長所を見つけ発揮させたといいます。早いうちに長所を見つけて教え、導いてあげる。それを伸ばしていく。そのためには競争をなくしてはその機会すら奪ってしまうということでしょうか。

団塊世代といわれる私たちの世代は、何をするのも狭き門であり、常に競争の中で生きてきたように思います。きょうだいが多かったこともあり、家では食べ物を奪い合うようなこともしばしばありました。貧困、病苦、苦労がうずまいていた時代です。だからといって同年代の人たちが、おかしな人間に育ったわけではありません。「経験は最高の教師である」とイギリスのカーライルが言っていますが、厳しい経験でないと人間として大きく育たないということでしょうか。自由でのびのび、ゆとりある環境で育つと、ちょっとしたことにつまづいて大事を招くことになりかねません。厳しい世の中を耐えて生き抜いていくために様々な経験をさせることも大事です。

本園では、心も身体もタフで周囲の人から好かれる人間になってほしいという願いから「心豊かでたくましく生き抜く子」を子ども像として掲げました。そのためには、決められたことはきちんと守り、やるべきことはしっかりやるといった心構えをもたせることが大事だと考えています。

挨拶や礼儀などのしつけや集団生活としてのルールなどは、社会生活を送るための基本として教えていく必要がありますし、厳しい社会の現実に耐える我慢強さも培わなければなりません。そのために毎日の掃除や園庭の草取り、刈ったあとの草集め、野菜の栽培、洗車、除雪などのお手伝いも取り入れています。又、部活動も一旦決めて始めたら最後までやり抜くよう支援しています。

子どもの成長のバロメーターは「どれだけ我慢できるようになったか、いかに自分の感情をコントロールできるか」だと思います。私の場合は、歳とともに我慢強さもコントロールも効かなくなってきており、成長に逆行しつつありますが、子どもたちに対しては社会の厳しさを乗り越えていくための知恵や忍耐力、人間性を身につけさせる努力は続きます。

付録——季刊「児童養護」掲載文再録

かけがえのない命を大切に

二一世紀が始まった。虐待やいじめによる死、少年犯罪の凶悪化など新世紀の課題は多く、先行きも不透明である。

私は六年前、中学校教員を辞め児童養護施設に移った。赴任した生田原中学校には児童養護施設北光学園から通学している子どもたちがいて、学校生活を共にした。六年後、転勤時期となったとき、施設の子どもたちを置き去りにするような後ろめたさもあり、悩んだ末、転職を思い切った。

◇

教員をしていたころ、中学三年生の荒れたクラスを担当することになった。そのクラスではT子へのいじめが陰湿に行われていた。T子の母からT子が修学旅行に行きたくないと言っているとの連絡があり、そのことからいじめにあっていることが分かった。

家庭訪問を繰り返し解決の努力をしているさなか、T子は自殺を図ろうとした。幸い、家族の発見でことなきをえた。私にできることはT子の命を守ることであった。

その後も登校を続けるT子に、「つらかったら学校休んでもいいんだよ」と言葉をかけるが、T子は休まなかった。まもなくT子の母から「T子は先生がいるから学校に行ってるんです」という話を聞き、やるせない気持ちになった。

しばらくして、いじめは影をひそめT子は中学校を卒業した。風のたよりでは、結婚し幸せな家庭を築いているという。

◇

児童養護施設に勤めた年の六月、中学校三年生のA子が北光学園に入所してきた。母親との折り合いが悪く、家のお金を持ち出したり、学校では金品を盗るなどの行動が続いたのが入所理由であった。さらに、やったことの事実を一度も認めてこなかったらしい。

入所後も他の子の物をタンスに隠し持っていたり、お部屋の子の洗面器に練り歯みがきを塗りたくるなどの行動が続いた。そのたびに「知らない」「私ではない」と嘘とごまかしで通した。

私は、自分の行為を正直に認めることが、A子の立ち直りの出発点だと考えていた。

その後、修学旅行先でA子と同部屋の子のバッグからお金がなくなるという出来事が起きた。状況からしてA子らしいとの報告。慎重に問いただしていくが、なかなか手がかりは得られなかった。購入してきたなかに洋服があり、小遣いの範囲では買えない品物のようであったが、A子は「割引していた」と答えていた。念のため購入先に問い合わせると、「その日の洋服は割引していない」との回答を得た。

私は正直に話してくれるまで徹夜してでもここを動かないとA子に宣言し、返事を待った。待つこと二時間、A子はとうとう自分がしたことを認めた。自分には友だちがいないこと、何度も死んでしまおうと考えたことがあるなど涙ながらに語ってくれた。

◇

T子とA子には、「人間生きていればつらいことばかりではなく、喜びも楽しみある」「人間は一人では生きられない。今までたくさんの人に世話になってきていることを忘れてはいけない」などと励ましてきた。

最近、自分で命を絶ったり、短絡的に人を殺《あや》める事件が増加している。二一世紀を担う子どもたちよ！　命は一つ、かけがえのない命を大切に、心豊かでエネルギッシュに生き生きと輝いた人生を送ってほしい。

（季刊『児童養護』二〇〇一年　vol.31　4号「メッセージ21世紀の子どもたちへ」）

知床

昨年七月、知床は世界自然遺産に登録された。

かつて、「知床旅情」ブームのあと、知床半島にあるウトロの中学校に四年間勤務したことがある。冬こそは閑散としていて「陸の孤島」を思わせたが、夏は大勢の観光客で賑わっていた。

この地で体験した思い出深いキャンプがある。担任をしていたクラスの子どもたちと子どもの父親三名に付き添ってもらい、知床半島の突端に近い文吉湾でキャンプを行った。海岸線の水は澄んでおり、美しい海底は感動的だった。一泊二日の日程であったが、釣りに花火、ウニ網焼き、チャンチャン焼きなど童心に返って楽しんだ。

このキャンプで忘れられないのは、すぐ側にあった番屋で漁師の食事を一緒にご馳走になったこと、舟で知床岬に運んでもらい、帰りは海岸線を約二時間余りかけて歩いてキャンプ場所までたどり着いたことである。途中、ところどころにヒグマの足跡やヒグマが掘り起こした草の根の跡があって緊張が走った。引率者として決死の覚悟であったが、無事に戻ることができて安堵したのを覚えている。

　このキャンプの最中、番屋の遠く背後から煙が立ち上がった。これが世間を騒がせた知床の山火事の始まりだった。連日、ヘリコプターから消火剤を撒布して消火活動が展開されたが、鎮火するまで数日かかったと記憶している。原生林の一部が一挙に消失したことは残念なできごとだった。

　知床の自然は美しい。知床の丘から眺めたオホーツクの海に沈む灼熱の太陽、ロシアのアムール河口から流れ着き、海いっぱいに広がるハスの葉状の流氷、鮮やかなコントラストを見せる知床連山の紅葉、産卵のため川に遡上する鮭の群れ。知床の自然の美しさは見飽きることがなく、人の心を動かす不思議な力がある。


（季刊『児童養護』二〇〇六年　Vol.36　3号「窓から」）

共に笑い、共に喜び、共に悲しむ場として

1．はじめに

私は18年前、中学校教員から児童養護施設の副園長として再出発した。赴任した中学校には、児童養護施設北光学園の子どもたちが通学しており、彼等との出会いが私の気持ちを児童養護施設に向かわせた。

当時はどの学校にも服装が乱れていたり、非行に走るなどの課題がある生徒がいて、生活指導にかなりの時間を費やしていた。家庭できちんとしつけられていない子は、学校でいくら指導しても根本的な立て直しは困難だった。

人間教育の基盤は家庭教育にあり、家庭教育の基本は「しつけ」にある。「人生の中で、誘惑に負けて間違いを犯すことは誰にだってある。その時に自分を信じて待っていて、受け入れてくれる家庭があれば絶対立ち直れる」。ある暴走族だった人の言葉である。また、非行や犯罪を犯した少年たちへの調査によると、「家族」が思い浮かんだ時、犯罪を思いとどまるとい

う結果もある。児童養護施設には子どもを、まだ立て直しができる余地があり、残りの人生を家庭環境に恵まれない子どもたちのために少しのお手伝いができればというのが転職の主な理由だった。

北光学園を巣立った子のほとんどが口を揃えて言うのは、施設生活は厳しかったが社会の現実はもっと厳しいということである。社会に出た二人の子の手紙の一部を紹介する。

A男「以前の僕は学園がとても嫌いでした。学園では挨拶や礼儀、ご飯は残さず食べるとか、起床、消灯時間等いろいろと決められていて、すごく学園生活が窮屈に感じていて、さっさとこんな所、出てやると思っていました。でも実際に社会に出てみると、こんなことは、ごく当たり前のことであって、基本的なことだと気づきました」

B男「本当に今考えればあの頃は子どもでした。あんなに不平不満を言っていたのに、いざ振り返ると学園生活の頃の方がどれだけ楽だったか、守られているということがどれだけありがたかったか、守ってくれる人がいるということがどれだけ幸せなことだったのか痛感しています」

施設を出て、はじめて現実の厳しさに気づき、口うるさく言っていたことが今になって思い当たる、それでも目標を持ち、家庭を守りながら一歩ずつ前に進もうという前向きな気持ちが文面から伝わってくる。

2.「親」としての決意と覚悟

入所する子は、どこへ連れて行かれるのか、どんな所か、どんな子たちがいるのかなど大きな不安がつきまとう。退所にあたっては、家庭復帰ができる子は喜び、社会に巣立つ子は不安と期待が交錯する。その度に「心配ないからね、何かあったら連絡して」と励ます職員はまさに家族の一員としての姿である。

これまで数々の子どものトラブルや問題に悩まされてきたが、問題行動は子どもにとって成長へのステップとなると肯定的に捉え、支援に当たってきた。

事例1 ～事実を認めない中学3年生のC子～

入所理由は、母親との折り合いが悪く、家からのお金の持ち出し、学校においても金品を盗むなどの行動が続いたことによる。さらに、本人はこれらの事実をこれまで一度も認めてこなかった。

入所後も他の子の金品をタンスに隠したり、同室の子の洗面器に練り歯磨きを塗りたくるなどの行動が続いた。その度に、「知らない、私ではない」と認めない日が続いた。C子にとってまず、自分の誤った行為を正直に認めることが立ち直りの出発点と考えた。

そんな矢先、修学旅行先のホテルで同室の子のバッグからお金がなくなるという出来事が起きた。学校からは、状況としてC子らしいが証拠がないという報告。

旅行から帰ってきたC子に複数の職員が問いただすが、「私ではない、何で疑うの」と返され泣かれる始末。聴取にあたった職員も本当にC子ではないのでは、と困惑の様子。

小遣いで買ってきた洋服が3着あったが、値札は取られ、それは値引きしていたとうそぶく。どう見ても小遣いの範囲では買えない品物だと職員からの報告。証拠がなければ認めないだろうと考え、購入先のデパートに問い合わせると、購入したその日は全品割引セールはしていないとの情報を得た。

事実を伝えたものの、泣きじゃくりながら、相変わらず「私じゃない」「私を疑うの」の一点張り。このままでは認めないと考えた私は、「正直に話してくれるまで徹夜してでもここを動かない」と宣言し、待つこと約2時間、C子はとうとう自分が盗ったことを認めた。その後、自分に友達がいないこと、小さい頃、母親と離れて暮らしたこと、暮らしてみて母親が厳しかったこと、前の学校で生徒会役員に立候補し、落選してから頻繁に他人の金品を盗ったこと、何度も死んでしまおうと考えたなど涙ながらに話してくれた。その後、C子の表面的な問題行動は全く見られなくなった。

この事例から、私はやはり職員はとことん子どもと付き合うことが大切だということを学んだ。

事例2　～同じ過ちを繰り返す高等養護学校1年のD子～

小学校3年生で入所。入所前、母親とお店に行くと、一緒に品物を窃取する行為があったが、入所後は同様の行為は全く見られなかった。しかし、高等養護学校に入学してから寄宿舎生活に変わり、CDや下着、時計など、他人の物を自分の物にできたことから、さまざまな物を自分のところに隠しもっていたことが判明。調べていくと施設の他の子の物も出てきた。窃取した回数と品数が多かったことから施設で指導するため高等養護学校の了解を得て、寄宿舎から連れ帰った。

D子の盗み癖は改善されていたものと思っていたが、この出来事により、今後も繰り返す恐れはあるとの判断と、今、ここできちんと改善しなければこの子が不幸になるとの思いで厳しい指導を行うことにした。

他人の物を窃取することに対して、窃取したら怒られる程度にしか考えておらず、先行き繰り返すのは目に見えていた。そこで朝から夕方まで園庭の草取りをさせながら内省させ、毎日、面談と課題を与え、それに添った反省文を書かせた。D子は次第に事の重大さが分かるようになり、3週間の指導は終わりにした。

「他人の物を盗るということは悪いことであり迷惑をかけた。今後、二度と同じことはしない」と誓い、卒業まで問題行動は起こさず、就職して2年が経つが安定した生活を送っている。

確かに施設に、どうしても問題行動を起こしてしまう子どもがいると、他児への影響を考えたり、措置変更も頭をよぎる。本事例のように「どこまで信じきれるか」だと感じる。

これらの事例は、「親」としての決意と覚悟を当人に知らしめ、「親」として真剣に向き合うことで改善できたものと言える。

3. 養育の原点

施設に入所している子どもにとって最も大切な環境はそこに居る施設の職員である。施設の子どもが必要としているのは、職員の愛情であり、職員との信頼関係である。

愛情は甘やかすことだけではない。叱る、待つ、耐える、喜ぶ、悲しむ、いたわる、距離をとるなど、要するに子どもが健全に育つには、「叱る」「甘やかす」だけの繰り返しではないということである。子どもには心身ともタフであり、好かれる人になってもらいたいというのが私の願いである。「教育とは愛を教えること」、作家で故人の三浦綾子さんの言葉である。職員が「愛情たっぷり」に接することにより、子どもは元気でいられる。

子どもを大切にするということは、この「愛する」ことが前提になる。根底に子どもを愛する心があれば、それはきっと子どもに伝わり、堅い絆と信頼が築かれる。「愛」の直訳は「受け入れ」だという。子どもを受け入れることである。私たちが気をつけなければならないのは、自分では気づかないうちに特定の子に偏ったり、えこひいきしていることである。家族と離れて暮らしている子どもたちに対して、この子が自分の子だったら、弟、妹だったらという思いで誠実かつ真剣に向きあうことである。職員の何気ない言動には、子どもたちは敏感に反応し、見抜かれてしまうことすらある。

信頼関係は一朝一夕で築けることでもない。信頼関係ができていれば愛のある叱り方は自然に子どもに伝わる。

強固な信頼関係を築くうえで最も大切なことは誉めて伸ばすこと、そして一緒に遊ぶことだと私は思う。認め誉められて悪い感情を抱く子はいないし、それどころか職員に信頼を寄せる。信頼の絆があれば子どもは必ず素直に聞き入れてくれる。子どもが反発したり、反抗する場合は、何に対して反発、反抗しているかを見極めなければならないが、職員自らの関わりも省みる必要がある。

子どもの心情や気持ちを抜きにした指導は機械的になり、子どもにとっては負担だけを感じることになる。なぜ、これをしなければならないか、どうして必要なのか、きちんと説明することは欠かせない。とかく説明抜きの指導に陥ってはいないだろうか。

北光学園の運営方針の一つは「目配り、気配り、思いやり」である。小さな変化やシグナルを見逃さないために、子どもの観察を怠らない、子どもに対してきめ細かい配慮ができること、そしてあたたかい心で子どもを見守ることなど職員自らの実践が子どもたちの心に伝わり、子どもを変えていく力になる。

私たちには、基本的生活習慣をはじめとしたしつけと、どう生きるべきかという生き方を伝授するという大きな使命がある。完全とは言えないまでも教えることは教え、伝えることは伝えていく必要がある。

よく子育ては農業で一生懸命、手をかけて作物を育てることに例えられるが、対策も基盤も違うものの「丁寧に謙虚に育てる」ということでは共通している。手抜きしては上手く育たないからである。当然、手間暇がかかる。農作物の場合は種を蒔く時期、草取り、水加減、追肥、収穫など適時性ということが重要であるが、子育ても適時性を誤ると後戻りはできない。

4．おわりに

以前、地方紙である北海道新聞に「みんな血のつながらない家族」という見出しの記事が掲載された。

「同窓会は三年おきに開かれ、今年は道内のほか、東京などから卒園生やその家族、元職員ら計63人が出席した。十勝管内から参加した男性（43）は、『施設にいたことを家族に隠してきたが、〝昔の影〟を引きずる自分を変えようと思った』と家族と一緒に参加、30年ぶりに仲間と再会した。会場では、『みんな、血のつながらない家族』と在園時代や卒園後の話で盛り上がり、徹夜で語り明かす人も多かった」

出席者からは、「会いたい一心でかけつけた」、「クラス会とは違い、家族的な雰囲気」、「昔を思い出して涙がこぼれた」「明日にでもまた会いたい気持ち」などの言葉をもらった。当施設の同窓会開催は来年度11回目を迎える。

巣立った子の行く道は必ずしも平坦ではない。人生の途上で出会った子たちと一日一日大切に過ごしながら、「みんなに出会えて良かった」、「この施設で過ごして良かった」と思える環境を創り出していきたい。

子どもたちの声、他者の目、他者の評価を謙虚に受け止めながら共に笑い、共に喜び、共に悲しむ場を提供していきたいと考える。

（季刊『児童養護』二〇一二年 Vol.43 2号 特集「家族のつながり」レポート）

つぶやき語録

○不平・不満をいう人は三流という。しかし、不平・不満を口に出さず、ためているとストレスがたまる。なかなか一流にはなれない。

○他人の悪口は言わないようにしているが自信はない。言ってしまったあとは自己嫌悪に陥る。そして自分がだんだん小さくなるように感じる。

○「どの子も公平、自分の考えをしっかり伝える、子どもの気持ちが分かる」。子どもが教育する人に求める声として新聞に掲載されていた内容である。ずっと私の信条として大切にしてきた言葉である。

○人間の力というのは学力はだけではない。学力は能力の一つであり、情熱とか誠実、真剣さ、前向き、努力などの能力が備わって人間としての力量が発揮される。

○すばらしい光景に出会った。子どもが転んで「痛い」と言った時に、そばにいた保育士が「痛いね」と言った。おそらくその子の痛みは半分になったと思われる。

○面白い人に共通しているのは、自分の欠点を平気で笑えることである。自分へのこだわりを捨てることが感じのいい人になる。私もあやかりたい。

○勝海舟が次郎長に「おまえのために命を捨てる子分は何人いるか」と尋ねたら、次郎長は「親分であるアッチのために命を捨てる子分なんか一人もおりません。しかしアッチは子分のためならいつでも命を捨てられます」。人間の器量が分かる。

○どこの職場においても一番の難儀は人間関係である。職場の人間関係は自分の心を映し出す「鏡」ともいえる。

○人間は「信」なくしては動けないし何事も始まらない。仕事においてはもちろんである。信頼、信用あってこそ効果が期待できる。

○好かれる人の条件は、周囲への気配りができること、謙虚であること、人の話を聞くことができることだといわれるが、私にはまだまだ足りない。

○人のせいにして責任逃れをする人は人間の器としては小さい。できるだけそうしないよう努めてはいるが。

○児童養護施設の児童に、施設生活の中で何が一番良かったか？　を聞いたところ、一番多かったのは「話を聞いてくれたこと」だという。日常の業務に追われ十分な時間が取れなかったと反省するばかり。

○児童の養育には、養育に対する熱心さ、自分の至らないことを認める謙虚さ、その子の成長を願う真剣さが大切と思いながら、なかなか児童に伝わらないもどかしさがある。

○経験から子どもは自分のことを認め、気持ちが分かってくれる人に好意を寄せる。大人にも同じことがいえる。

○児童養護施設は被虐待児や発達障がい児の入所割合が多い。児童本人が一番生きづらさを感じているが、養育者にとっても苦労が多い。それでもその中に感動や学びがある。

○完璧な人間はいない。誰でも失敗や過ちはある。正直に事実を語り、素直に自分の非を認めることを心がけてはいるが、これがなかなか難しい。子どもならなおさらである。

○多くの方たちとの出会いがあった。中でも一代で事業を成功させた人に共通しているのは苦労に耐える情熱とそれに裏打ちされた誠実な人柄である。

○賢い人とはどういう人を指すのだろうか。例えば気分にムラがない、感情をあからさまに態度に出さない、注意されてもふてくされない、根にもたない、周りと相談しながら仕事を進める、自慢しないなど長年職員を見てきて思うことである。

○正しいことを言うときは控えめに言いなさい、とある人から教えられた。強い口調で言うと相手を傷つけるからである。

○伸びる職員は、性格が良いこと、人の言うことを素直に聞き入れる謙虚さがある人間は伸びる。素直というのは従順ではなく、肯定的であるということ。残念ながら私は素直さに欠けていることに気がつくのが遅かった。

○世の中に出れば仕事はおうおうにして雑用と雑用との組み合わせで成り立っている。特に人の嫌がることを進んでできる人間は信頼がおける。

○人間はたった一人、理解してくれる人がいれば生きていける。ちょっと相手の身になってくれる人が職場の中に一人いたら孤立せず仕事は続けられる。

○事件を起こす子は自分は一人ぼっちで寂しいという孤独感、自分はこの世に生まれてこなければよかったという深い哀しみなど共通の苦しみがある。

○経験的にいえることは小さな事を見逃さないこと、なぜなら小事が大事に至るからである。

○健康第一、一にも二にも心身の健康が大事。健康であれば自分のやりたいことができる。歩けること、食べられること、息ができること、みんなできて当たり前ではない。

○玄関はその施設の顔、トイレはその施設の心の鏡。各施設を訪問する度にトイレを覗いてスリッパが揃っているかどうかを見るくせがついた。

○養育の目的とは何だろう。社会の荒波を乗り越える強い精神力を身につけ、社会貢献できる子に育ってくれることが最終的な目的である。

○人は何のために学ぶのだろうと時々思う。結論は自分を磨くこと、自分を磨いて人生を全うするためである。

○人生における成功の鍵は、知識量や才能だけでなく、根気の有無にある。つまり自分の力が足りないのではなく真剣さが足りないのではないか。

○人間は経験主義であり、自分が体験したことしか理解できない。虐待を受けたことがない人は虐待を受けた人の気持ちが十分に理解できない。

○天は試練を与えてその人を試すといわれる。乗り越えられない試練はないと自分に言い聞かせて仕事をしてきた。

○我々の仕事は「しつけ」が大半を占める。しつけとは模倣させる、継承させる、時には「型」を強制することもある。

○人間は生まれた時から自分の思い通りになることを望む。善悪の判断力は、人間の喜怒哀楽の感情ができあがる三歳までといわれるが、年長児にやっていいことと悪いことを教えなければならない困難さを感じる。

○虐待を受けた子の行動の傾向として、基本的習慣が身についていない、思い通りにならないと暴れる、注意されたとき素直に聞かない、自信がなく自己肯定感が低い、持続力がなく落ち着きがないなどが見られるが、最近は普通の家庭の子の中にも同様の行動が見られるという。

○自己中心に生きている人に対しては人は次第に離れていく。そういう人は思いやりがない。思いやりの心がなければ相手を理解することができない。

○人間の本性は自主性にある。進んですればすべてが楽しくなる。

○人の第一印象は視覚と聴覚によるもので九四%を占め、十五秒で決まってしまうという。顔は心を写す鏡であり、目は心の窓といわれる。「感じのいい人」の共通点は笑顔と優しいまなざし。私の第一印象はどんなふうに映っているか。

○施設を預かる者として、次々と情報がもたらされ、常に判断することが求められる。だが、本当の仕事は最後の「決断」である。

○勉強した内容の八十%は四八時間以内に忘れるという法則があるが、こつこつと繰り返し繰り返しすることが身につく方法である。分かってはいても努力が足りない自分がいる。

○自分の幸せは自分の内側にある。つまり、自分の幸せは自分が感じること。他人と較べるから悩みとなる。人は人である。

○リーダーの資質が論じられるが、根底に人に対する思いやり、愛情がなければ人の支持や尊敬、信頼は集められない。常に心を養い、高めていく努力が求められる。

○「挨拶をする、席を立ったら必ず椅子を入れ、履き物を脱いだら必ず揃える、足下の紙くずはすぐに拾う」など当たり前のことができない人間に何ができようか。職員を評価する時の基準として持ち続けている。

○円満な夫婦生活の第一は、人間の本性である自分の思い通りにやりたいということから互いに干渉し過ぎないことである。互いの欠点、短所を認め合いながら、いわばいたわり合いの連続である。

○実態を知らないから誤解や偏見が生まれる。本当のことが見えないから不安や恐怖が生まれる。差別の構造と似ている。自戒しなければならない。

○地位や名誉、お金、学歴、あるいは意地や恨み……。自分を等身大以上に見せたいという見栄や虚栄心があるうちは人は苦しむという。ありのままの姿で。

○集団のいやらしい笑い声や冷めた嘲笑など経験したことはないだろうか。経験しなくても身近で見たことはないだろうか。差別的なその行為はいじめにも発展する可能性がある。

○養育者に必要なもの、それは「愛」と「気概」。愛とは何が何でもこの子を受け止めてやるのだという心情。気概はこの子を成長させるためにとことんやってやるぞという信念である。

○実効が上がらないからといって社会福祉の仕事に虚しさを感じることがある。まだまだ人生の修行が足りないと自覚する。

○お金が入るといい暮らしをしたがるし、歳を取ったら楽をしたいと考える自分がいる。なんだかんだと偉そうなことを言っている自分はやはり凡人でしかない。

○自分のことしか考えない人は独りぼっちになってしまうだろう。見捨てられないよう少しは気遣おうと思う。

○人はだれでもミスをする。どんなに気をつけていても、それは避けられない。けれど重要なのは、二番目の過ちを犯さないようにすることだ。致命的な結果は最初の過ちではなく、二番目の過ちによって引き起こされるという。肝に銘じたい。

○「殺してやる」、「なぐってやる」、「許さない」などの言葉を吐く子がいる。思うように自分を表すことができないから言葉が過激になる。自分を解ってほしい、認めてほしいという願望の現れである。

○食べ物が人間を形成するといっても過言ではない。感受性も心の豊かさも耐性も食べ物で育つ。何でも少しずつバランス良い食生活を送ること。これが子どもの幸せにつながる。

○親の背中を見て子は育つといわれる。親の生活態度が子どもの最良のしつけになる。私の場合は貧乏、父親への不満・反抗などもあったが道を違えなかったのは家族を養うため必死に働く父親の姿があったからだ。

○大人も子どもも大半の嘘は自己防衛か虚栄から来る。これも人間の本質である。

○仕事ができる、早いといわれる人は、とにかく「すぐやる」。端からすぐにやる。そして正しくやる。仕事をためない。スケジュールもデスク周りも常に整理整頓している。

○親として人生最高の報酬は、できる限りのことをして子どもを立派に育てたことにあるという。果たして私の場合はどうだろうと考え込んでしまう。

○初任者は容易に仕事ができなくて当たり前。自分の初任時代を忘れ、仕事ができないとこぼす経験者がいる現実に落胆。

○実力というのは自分が苦労している時にこそつくもの。楽しんでいる時には決して身につかない。トラブルが発生した時は、自分に与えられた試練と思い、「勉強、勉強」と言い聞かせて処理してきた。

○「指導」とは教え導くことである。人が変容してこそ指導といえる。

○子どものため、施設のためなどと簡単に口にする人がいるが、その前に自分のためにが欠落している。自分のためにやっていることが結果的に子どものため、施設のためにとつながっているのだ。

あとがき

教職の実践記録に続いて二冊目の本を刊行することができました。

児童養護施設に勤務し、実に多くのことを学びました。人生の学びの目的が自分磨きであるならば、施設の子どもたちや同僚、関係者から様々なことを気づかされ、学び、鍛えられました。

施設生活を余儀なくされている子どもたちやその親の悩みは私自身の悩みでもありました。職場の同僚と共に力を合わせ、悩みの解消に努めてきましたが、時には自分の未熟さや不甲斐なさを味わいました。施設通信にはその時々の施設の現状や私の考え、実践などを綴ってきましたが、こうしてまとめて残すことは自己の歩みの証となると思っています。

発刊にあたっては（株）共同文化社の長江ひろみさんに再びお世話になりました。深く感謝申し上げます。

二〇一五年一月

高橋　久

著者略歴

昭和24年北海道紋別郡遠軽町に生まれる。

北海道教育大学旭川分校卒業。

学校事務職員、中学校教員を経て、平成7年4月から児童養護施設北光学園副園長、平成19年4月園長、平成25年12月退職。

著書

感動ある教育めざして（共同文化社）

著者住所

〒099-0701
北海道紋別郡遠軽町生田原278番地58

子どもたちの自立を願って

2015年2月20日　初版発行

著　者　高橋　久

発行所　株式会社　共同文化社
〒060-0033
札幌市中央区北3条東5丁目
電話　011-251-8078

http:// kyodo-bunkasha.net/

印　刷　株式会社　アイワード

ISBN 978-4-87739-263-5 C0037